SAIGON
HO-CHI-MINH-STADT

Nicht verpassen!

3 Cho Ben Thanh (Ben-Thanh-Markt) [E5]
Seit 100 Jahren ist der Ben-Thanh-Markt urbaner Mittelpunkt Saigons. Der Glockenturm über dem Haupteingang wurde zum Wahrzeichen der Metropole (s. S. 62).

4 Bitexco Financial Tower [F5]
Das moderne Vietnam spiegelt sich in der gläsernen Fassade des höchsten Wolkenkratzers der Stadt wider. Die Aussichtsplattform ermöglicht spektakuläre Blicke auf Saigon (s. S. 64).

10 Central Post Office (Buu Dien Trung Tam) [E4]
Eine der schönsten Hinterlassenschaften der französischen Kolonialmacht. Im Inneren blickt Ho Chi Minh, der Namensgeber der Stadt, von einem riesigen Porträt gnädig auf seine Nachfahren herab (s. S. 72).

12 Wiedervereinigungspalast (Dinh Thong Nhat) [D4]
Der Besuch des historisch bedeutenden Prachtbaus gleicht einer Zeitreise in die 1960er-Jahre: Fassade wie Interieur sind trotz Kriegen originalgetreu erhalten geblieben. Das Museum bietet Geschichte zum Anfassen (s. S. 75).

14 War Remnants Museum [D4]
Der Vietnamkrieg prägt teils bis heute das Bild des Staates im Ausland. Im Kriegsrelikte-Museum wird der brutale und blutige Konflikt beleuchtet (s. S. 80).

16 Pagode des Jadekaisers (Chua Ngoc Hoang) [E1]
Eine der schönsten und atmosphärisch beeindruckendsten Tempelanlagen Saigons ist dem Jadekaiser, der obersten daoistischen Gottheit, gewidmet (s. S. 84).

17 Cho Binh Tay (Binh-Tay-Markt) [X11]
Im chinesisch geprägten Cholon findet sich eine der quirligsten Markthallen der Stadt. Eintauchen ins bunte Treiben (s. S. 86)!

18 Mieu Thien Hau (Thien-Hau-Tempel) [Z10]
Hunderte von Räucherstäbchen hüllen den Thien-Hau-Tempel in einen diffusen Schleier, der seine bemerkenswerte spirituelle Stimmung noch verstärkt (s. S. 89).

19 Tunnel von Cu Chi [s. Umgebung]
Vor den Toren der Stadt kommt man den unterirdisch kämpfenden Vietcong räumlich sehr nahe (s. S. 92).

Leichte Orientierung mit dem cleveren Nummernsystem
Die Sehenswürdigkeiten der Stadt sind zum schnellen Auffinden mit **fortlaufenden Nummern** versehen. Diese verweisen auf die ausführliche Beschreibung **im Kapitel „Saigon entdecken"** und zeigen auch die genaue Lage **im Stadtplan**.

CITY|TRIP
SAIGON
HO-CHI-MINH-STADT

Inhalt

Nicht verpassen	1
Benutzungshinweise	5
Impressum	6

Auf ins Vergnügen 7

Saigon im Intensivdurchgang	8
Saigon für Citybummler	12
Saigon für Kauflustige	15
Saigon für Genießer	22
Saigon am Abend	37
Saigon für Kunst- und Museumsfreunde	42
Zur richtigen Zeit am richtigen Ort	44

Am Puls der Stadt 49

Das Antlitz der Metropole	50
Von den Anfängen bis zur Gegenwart	54
Verkehrschaos und mögliche Auswege	57

◁ *Statuen, Heiligenabbildungen, Gläubige und reichlich göttlicher Rauch dominieren die Pagode des Jadekaisers* ⓰

Saigon entdecken 59

Erlebenswertes im Zentrum (Distrikt 1) 60

❶ Backpackerviertel Bui Vien/Pham Ngu Lao ★★	60
❷ Park des 23. September (Cong Vien 23 Thang 9) ★★	61
❸ Cho Ben Thanh (Ben-Thanh-Markt) ★★★	62
❹ Bitexco Financial Tower ★★★	64
❺ Opera House (Nha Hat Lon) ★	66
❻ Rex Hotel ★★	67
❼ Ho-Chi-Minh-Denkmal ★	69
❽ Rathaus (Hôtel de Ville) ★★	70
❾ Museum of Ho Chi Minh City (Bao Tang Thanh Pho Ho Chi Minh) ★★	71
❿ Central Post Office (Buu Dien Trung Tam) ★★★	72
⓫ Cathédrale Notre-Dame ★★	74
⓬ Wiedervereinigungspalast (Dinh Thong Nhat) ★★★	75
⓭ Tao Dan Park (Cong Vien Tao Dan) ★★	79
⓮ War Remnants Museum (Bao Tang Chung Tich Chien Tranh) ★★★	80
⓯ History Museum (Bao Tang Lich Su) ★★	83
⓰ Pagode des Jadekaisers (Chua Ngoc Hoang) ★★★	84

Inhalt

Entdeckungen in Cholon (Chinatown) — 86
- ⓱ Cho Binh Tay (Binh-Tay-Markt) ★★★ — 86
- ⓲ Mieu Thien Hau (Thien-Hau-Tempel) ★★★ — 89

Ziele außerhalb der Stadt — 92
- ⓳ Tunnel von Cu Chi ★★★ — 92
- ⓴ Cao-Dai-Tempel in Tay Ninh ★★ — 94

Praktische Reisetipps — 97

An- und Rückreise	98
Auto- und Mopedfahren	100
Ausrüstung und Kleidung	101
Barrierefreies Reisen	102
Diplomatische Vertretungen	102
Ein- und Ausreisebestimmungen	103
Elektrizität	105
Film und Foto	105
Geldfragen	105
Gesundheitsvorsorge und Hygiene	108
Informationsquellen	110

Exkurse zwischendurch

Ho-Chi-Minh-Stadt oder Saigon?	9
Das gibt es nur in Vietnam	13
Smoker's Guide	35
Nationales Kulturgut: das Wasserpuppentheater (Mua Roi Nuoc)	41
Das Tet-Fest (Tet Nguyen Dan)	48
Ho Chi Minh: der Überbringer des Lichts	68
Der Katholizismus in Vietnam	76
Operation „Frequent Wind" oder die panische Flucht aus Saigon	78
Der Zweite Indochinakrieg (Vietnamkrieg)	82
Vietnam – China: ein schwieriges Verhältnis	88
Die Legende der Thien Hau	91
Saigon preiswert	107
Meine Literatur- und Filmtipps	111

Bewertung der Sehenswürdigkeiten

★★★ auf keinen Fall verpassen
★★ besonders sehenswert
★ Sehenswürdigkeit für speziell interessierte Besucher

Internet und Internetcafés	112
Maße und Gewichte	112
Medizinische Versorgung	113
Mit Kindern unterwegs	114
Notfälle	115
Öffnungszeiten	116
Post	116
Schwule und Lesben	116
Sicherheit	117
Sprache	120
Stadttouren	120
Telefonieren	122
Uhrzeit	123
Unterkunft	123
Verhaltenstipps	125
Verkehrsmittel	125
Versicherungen	129
Wetter und Reisezeit	129

Anhang — 131

Kleine Sprachhilfe Vietnamesisch	132
Register	138
Der Autor, Schreiben Sie uns	141
Liste der Karteneinträge	142
Zeichenerklärung	144
Saigon mit PC, Smartphone & Co.	144

Bildnachweis

Die Kürzel an den Abbildungen stehen für folgende Fotografen:
ld und S. 2 Lars Dörenmeier
sh Suza Heitmann
Cover fotolia.com © yanzharskikh

Benutzungshinweise

Orientierungssystem

Eine **Liste der im Buch beschriebenen Örtlichkeiten** wie Sehenswürdigkeiten, Restaurants, Hotels, Cafés, Infostellen befindet sich auf S. 142.

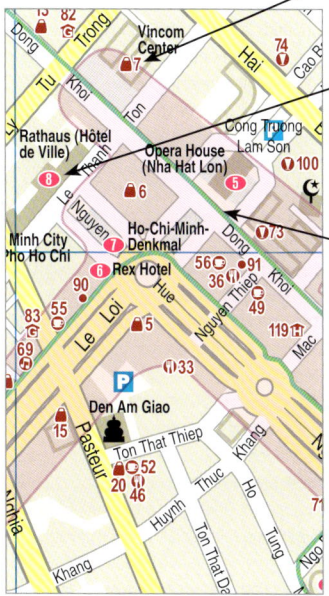

Zur schnelleren Orientierung tragen alle Hauptsehenswürdigkeiten und Lokalitäten sowohl im Text als auch im Kartenmaterial die gleiche Nummer:

- 🅐7 Mit Symbol und fortlaufender Nummer werden die sonstigen Lokalitäten wie Cafés, Geschäfte, Hotels, Infostellen usw. gekennzeichnet.
- 🅐8 Mit einer fortlaufenden magentafarbenen Nummer sind die Hauptsehenswürdigkeiten gekennzeichnet. Steht die Nummer im Fließtext, verweist sie auf die Beschreibung dieser Sehenswürdigkeit im Kapitel „Saigon entdecken".
- › Die farbige Linie markiert den Verlauf des Stadtspaziergangs (s. S. 8).

[F4] In eckigen Klammern steht das Planquadrat im Kartenmaterial, in diesem Beispiel Planquadrat F4.

Ortsmarken ohne Angabe des Planquadrats liegen außerhalb unserer Karten. Sie können aber wie alle Örtlichkeiten in unseren speziellen Luftbildkarten auf der Produktseite dieses Buches unter www.reise-know-how.de oder direkt unter http://ct-saigon.reise-know-how.de lokalisiert werden.

Vorwahlen

Saigon/Ho-Chi-Minh-Stadt hat die **Ortsvorwahl 08**. Im Buch sind die Festnetznummern stets inklusive der Vorwahl angegeben, allerdings ohne die **Ländervorwahl von Vietnam: 0084**.

Vietnamesische Wörter

Der Einfachheit halber sind alle vietnamesischen Begriffe in diesem Buch **ohne diakritische Zeichen** (für Aussprache und Betonung) geschrieben: „dèn giao thông" (Ampel) z. B. wird zu „den giao thong".

Verwendete Abkürzungen

- › **US$** (US-Dollar)
- › **HCMC** (kurz für Ho Chi Minh City). Weiterführende Informationen zur Namensgebung der Stadt: s. S. 9.

Besonderheiten von Adressangaben

- › Die **Hausnummer** steht **stets vorn**, z. B. 75 Nguyen Du.
- › Wenn nicht anders angegeben, befinden sich die Adressen im **zentralen Distrikt 1**. Näheres zur Interpretation von Adressen und Orientierung vor Ort: s. S. 53.

Impressum

Lars Dörenmeier

CityTrip Saigon/Ho-Chi-Minh-Stadt

erschienen im
REISE KNOW-HOW Verlag Peter Rump GmbH,
Osnabrücker Str. 79, 33649 Bielefeld

© REISE KNOW-HOW Verlag
Peter Rump GmbH
1. Auflage 2014
Alle Rechte vorbehalten.

ISBN 978-3-8317-2372-0
PRINTED IN GERMANY

Dieses Buch ist erhältlich in jeder Buchhandlung Deutschlands, der Schweiz, Österreichs, Belgiens und der Niederlande. Bitte informieren Sie Ihren Buchhändler über folgende Bezugsadressen:
Deutschland: Prolit GmbH, Postfach 9, D-35461 Fernwald (Annerod) sowie alle Barsortimente
Schweiz: AVA Verlagsauslieferung AG, Postfach 27, CH-8910 Affoltern
Österreich: Mohr Morawa Buchvertrieb GmbH, Sulzengasse 2, A-1230 Wien
Niederlande, Belgien: Willems Adventure, www.willemsadventure.nl

Wer im Buchhandel kein Glück hat, bekommt unsere Bücher auch über unseren Büchershop im Internet:
www.reise-know-how.de

Herausgeber: Klaus Werner
Lektorat und Layout:
amundo media GmbH
Karten: Ingenieurbüro B. Spachmüller, amundo media GmbH
Druck und Bindung: Media-Print, Paderborn
Fotos: siehe Bildnachweis S. 4
Anzeigenvertrieb: KV Kommunalverlag GmbH & Co. KG, Alte Landstraße 23, 85521 Ottobrunn, Tel. 089 928096-0, info@kommunal-verlag.de

Alle Informationen in diesem Buch sind vom Autor mit größter Sorgfalt gesammelt und vom Lektorat des Verlages gewissenhaft bearbeitet und überprüft worden. Da inhaltliche und sachliche Fehler nicht ausgeschlossen werden können, erklärt der Verlag, dass alle Angaben im Sinne der Produkthaftung ohne Garantie erfolgen und dass Verlag wie Autor keinerlei Verantwortung und Haftung für inhaltliche und sachliche Fehler übernehmen.
Die Nennung von Firmen und ihren Produkten und ihre Reihenfolge sind als Beispiel ohne Wertung gegenüber anderen anzusehen. Qualitäts- und Quantitätsangaben sind rein subjektive Einschätzungen des Autors und dienen keinesfalls der Bewerbung von Firmen oder Produkten.

Wir freuen uns über Kritik, Kommentare und Verbesserungsvorschläge:
info@reise-know-how.de

Aktuelle Informationen nach Redaktionsschluss

Unter **www.reise-know-how.de** werden aktuelle Ergänzungen und Änderungen der Autoren und Leser zum vorliegenden Buch bereitgestellt. Sie sind auch in der **Gratis-App** zum Buch abrufbar.

Auf ins Vergnügen

Saigon im Intensivdurchgang

Tag 1: Das koloniale Saigon – unterwegs in Distrikt 1

Stadtspaziergang

Der erste Tag beginnt mit einem ausgiebigen Frühstück in der Unterkunft (Empfehlungen s. S. 123) oder in einem der unzähligen Lokale und Restaurants im **Backpackerviertel** ❶, zum Beispiel dem gemütlichen Café **Sozo** (s. S. 36). Fast alle kulinarischen Einrichtungen im Backpackerviertel öffnen schon früh am Morgen ihre Pforten und neben der Hauptkarte gibt es immer besondere **Frühstücksangebote**, die den westlichen Bedürfnissen Rechnung tragen.

Oder man stärkt sich in einer der **Garküchen auf dem Bürgersteig**, die schon pünktlich zum Sonnenaufgang die erste Nudelsuppe des Tages anbieten. Ein „heißer" Tipp für Suppenliebhaber ist das **Pho Quynh** (s. S. 34) – hier kann man auch gleich das vietnamesische Nationalgericht *pho* (s. S. 24) probieren.

An der **Kreuzung Bui Vien und Do Quang Dau** [D7] nimmt unser Stadtspaziergang seinen Anfang. Es geht in nördliche Richtung, bis rechts die Pham Ngu Lao [D6] abzweigt. Auf dieser flaniert man bis zur Nguyen Thi Nghia – hier empfiehlt sich ein Besuch im **Park des 23. September** ❷: Bevor die Hitze des Tages sportliche Aktivitäten fast unmöglich macht, treffen sich auf der riesigen Grünfläche die **Tai-Chi-Jünger** und starten mit traditioneller chinesischer Gymnastik in den Tag.

Nach der Stippvisite bei den meditativen Sportlern geht es nun über die Straße Le Lai [E5/6] nördlich des Parks **ins pralle Leben**: Am großen, **Kreisverkehr** mit dem Denkmal von **General Tran Nguyen Han** (s. S. 64) befindet sich der enorme **Cho Ben Thanh (Ben-Thanh-Markt)** ❸. Hier stehen die Verkäufer bereits ab 6 Uhr, spätestens ab halb 7 bereit, um ihre Waren an den Kunden zu bringen. Auch ohne Kaufinteresse lohnt sich der Besuch, da man im Inneren auch an einem der **zahlreichen Essensstände** eine Pause mit einem *ca phe sua da* (Eiskaffee, s. S. 87) einlegen kann. Dort wird man außerdem von den bisweilen etwas hartnäckigen Verkäufern in Ruhe gelassen und kann das wilde Getümmel aus sicherer Distanz beobachten.

Nun geht es in nordöstliche Richtung entlang des **von Bäumen gesäumten Boulevards Le Loi** [E/F5]. Hier reiht sich Geschäft an Geschäft; auf dem breiten Trottoir haben **mobile Händler** ihre Produkte ausgelegt, während Hunderte von Mopeds ununterbrochen über den Asphalt knattern.

Nach einigen Hundert Metern erhebt sich linksseitig das majestätische **Rex Hotel** ❻, in dessen Innern während des **Vietnamkrieges** (s. S. 82) Geschichte geschrieben

> **Routenverlauf im Stadtplan**
> Der hier beschriebene Spaziergang ist mit einer farbigen Linie im Stadtplan eingezeichnet.

◁ *Vorseite: Hochzeitspaar vor der Cathédrale Notre-Dame* ⓫

▷ *Prächtig beleuchtet: die Uferpromenade am Saigon-Fluss*

Ho-Chi-Minh-Stadt oder Saigon?

*Die **Umbenennung des historischen Saigon** in Ho-Chi-Minh-Stadt **im Jahr 1976** sorgt fast 40 Jahre später noch immer für Verwirrung bei ausländischen Besuchern.*

Bis Mitte der 1970er-Jahre war es ganz simpel und eindeutig: Saigon war Saigon (oder in der vietnamesischen Schreibweise: **Sai Gon**). Nachdem aber das sozialistische Nordvietnam 1975 den proamerikanischen Süden besiegt hatte, wurde die südvietnamesische Metropole 1976 zur **respektvollen, posthumen Ehrung** des sozialistischen **Revolutionsführers Ho Chi Minh** (s. S. 68) umbenannt.

Auf offiziellen Dokumenten, in staatlichen Publikationen oder in Postanschriften ist das Kürzel **TP.HCM** für **Thanh Pho Ho Chi Minh** allgegenwärtig. Im englischen Sprachraum hat sich das Kürzel **HCMC** für **Ho Chi Minh City** etabliert, während die Metropole auf Deutsch zu **Ho-Chi-Minh-Stadt** wurde. Im Deutschen existiert leider keine Abkürzung, weshalb zumeist das anglofone HCMC benutzt wird. Trotzdem reden viele Besucher noch immer von **Saigon**. Im richtigen Kontext ist das sogar korrekt: Der zentrale Innenstadtbereich, **Distrikt 1**, heißt offiziell weiterhin Saigon. Und auch die meisten Vietnamesen verwenden den historischen Namen im Alltag ganz selbstverständlich, da die zwei Silben einfach **kürzer** sind. Zudem fahren Überlandbusse teilweise noch nach „Saigon". Sind jedoch staatliche Institutionen involviert, muss der offizielle Name verwendet werden.

Der **Flughafen Tan Son Nhat** (s. S. 98) in Ho-Chi-Minh-Stadt hat übrigens das internationale Flughafenkürzel SGN ...

Auf ins Vergnügen
Saigon im Intensivdurchgang

wurde und auf dessen **luftiger Dachterrasse** (Rooftop Garden, s. S. 39) damals die internationale Korrespondentenschar Hochprozentiges zu sich nahm. Direkt vor dem Hotel schaut **der in Stein gehauene Ho Chi Minh** ❼ mit gnädigem Blick auf seine Landsleute in der nach ihm benannten Stadt. Den architektonisch ansprechenden Hintergrund bildet das koloniale **Rathaus (Hôtel de Ville)** ❽, das seine **französischen Wurzeln** nicht leugnen kann.

Von hier aus gen Südosten führt eine weitere wichtige **Verkehrsachse** des ersten Distrikts: die **Nguyen Hue** [F4–G5], die zu den bedeutendsten Feiertagen des Jahres (s. S. 44) mit aufwendiger **Blumenpracht** geschmückt ist und in der Weihnachtszeit festlich bis kitschig illuminiert wird. Nachdem man an der Ecke Nguyen Hue/Ngo Duc Ke [F5] rechts abgebogen ist, sollte man den Kopf ganz weit in den Nacken legen: Der imposante Wolkenkratzer des **Bitexco Financial Towers** ❹ ragt als **höchstes Gebäude der Stadt** über 260 m in den südvietnamesischen Himmel. Der Fahrstuhl rast in wenigen Sekunden bis in die 49. Etage. Vom Skydeck aus genießt man einen **beeindruckenden Ausblick** und gewinnt einen Eindruck von der unglaublichen Ausdehnung der Metropole: Der Stadtrand ist selbst von hier oben nicht zu erkennen. Direkt vor dem Wolkenkratzer bietet das lebendige Restaurant **Nhu Lan** (s. S. 33) eine Möglichkeit zur Stärkung, und wenn es nur einer der **köstlichen Fruchtshakes** ist.

Folgt man nun der Straße **Ham Nghi** [F/G6] wenige Minuten gen Osten, steht man am **Saigon-Fluss**. Kleine Kutter tuckern über den bräunlichen Fluss und weichen den mächtigen Frachtern aus, während am **Bach-Dang-Pier** (s. S. 122) die rasanten Tragflächenboote an- und ablegen. Wuchtig-imperial erhebt sich an der Uferstraße eines der berühmtesten Hotels der Stadt: das Majestic, dessen **Breeze Sky Bar** (s. S. 38)

Französische Architektur in Fernost: das Opera House ❺

Saigon im Intensivdurchgang

auf der **Dachterrasse** stilvoll in vergangene Jahrzehnte entführt.

Direkt am Hotel Majestic biegt man links ab – hier führt die **vornehme Einkaufsstraße Dong Khoi** [F4–G5] wieder Richtung Innenstadt. Bereits unter französischer Kolonialherrschaft war sie als Rue Catinat die **Luxusmeile Saigons** und auch heute reihen sich wieder **exklusive Geschäfte, Galerien und Boutiquen** wie Perlen auf einer Schnur aneinander. Interesse an hochwertigen Büchern zum Thema Vietnam oder an Kunst aus Südostasien? Erstere erhält man bei **Artbook** (s. S. 20); einen Einblick in die Kunstszene gewährt **Le Xuan Art Gallery** (s. S. 44).

Flaniert man die Dong Khoi weiter in Richtung Nordwesten, so stößt man nach 10–15 Min. rechter Hand auf das repräsentative Gebäude des **Opera House** ❺, ebenfalls ein Überbleibsel des kolonialen Vietnams. Wiederum einige Minuten später – immer der Dong Khoi folgend – steht man vor dem Portal der berühmten **Cathédrale Notre-Dame** ⓫. Im gegenüberliegenden **Highlands Coffee** (s. S. 36) kann man sich eine Kaffeepause gönnen. Auf der anderen Straßenseite, nordöstlich der Kathedrale, erhebt sich mit dem **Central Post Office** ❿ der wohl schönste Zweckbau Saigons: Weltweit dürfte es nur wenige Postämter geben, die das Frankieren eines Briefes zu solch einem Ereignis machen.

Durch die Straße Gong Xa Paris [E4] an der Kirche vorbei, gelangt man in den Park des 30. April. Mitten hindurch verläuft die **Le Duan** [E4], eine weitere **Prachtallee**, die vor dem Eingang zum **Wiedervereinigungspalast** ⓬ endet. Auf dieser Straße rollten am 30. April 1975 die ersten **nordvietnamesischen Panzer** auf den Palast zu und durchbrachen krachend das schmiedeeiserne Tor. Mit dem **Besuch des beeindruckenden musealen Palastes**, für den man mindestens 1–2 Std. einkalkulieren sollte, findet der Stadtspaziergang seinen krönenden Abschluss.

Tag 2: Museen, Tempel und Cholon

Für **Geschichtsinteressierte** steht der Besuch des **War Remnants Museums** ⓮, das an den **Zweiten Indochinakrieg** (s. S. 82) erinnert, sicherlich ganz oben auf der Liste. Die grausame, ganze Generationen prägende Geschichte wird sowohl im Gebäude als auch auf den Außenflächen ausführlich dargestellt.

Um das Gesehene sacken zu lassen oder auf andere Gedanken zu kommen, schließt sich am besten ein Besuch in der **Pagode des Jadekaisers** ⓰ an. In dem mit Figuren und Skulpturen reich verzierten Tempel kommt man dem Volksglauben auf die Spur. Die religiöse Stätte wird zwar sehr zahlreich von Gläubigen besucht, dennoch kann man auf den Bänken im vorgelagerten **Hofbereich** unter dem dichten Blätterwerk der Bäume eine **geruhsame Pause** einlegen und das pulsierende Leben gemütlich sitzend beobachten.

In der Straße Nam Ky Khoi Nghia [D3], nur wenige Minuten mit dem Taxi entfernt, werden **Hungrige** fündig: Das Restaurant **Banh Xeo Muoi Xiem** (s. S. 32) bietet leckeres vietnamesisches Essen und bei **Tokyo Town** (s. S. 31) gibt es schmackhafte japanische Speisen. Von hier (oder direkt von der Pagode des Jadekaisers) aus geht es nun einmal quer durch die Stadt. Allein die **Taxifahrt nach Cholon**, auch als „Chi-

Auf ins Vergnügen
Saigon für Citybummler

natown" bezeichnet, ist ein Erlebnis erster Güte. Mitten durch den nie enden wollenden Strom an motorisierten Zweirädern, dabei fast konstant die Hupe betätigend, kämpft sich der Fahrer. Noch spannender ist die Fahrt mit dem **Moped-Taxi**, dem berühmten **Xe Om** (s. S. 126): Hier ist man wirklich mitten im Getümmel! In **Cholon** ist das kommerzielle Gewusel noch eine Spur chaotischer als im Rest der Stadt. Chinesische Schriftzeichen schmücken Fassaden und Geschäfte. **Kaufen und Verkaufen** bestimmen das Leben und das Stadtbild; das hektische Treiben lässt niemanden unberührt. Zwischendrin bieten religiöse Stätten wie der **Mieu Thien Hau (Thien-Hau-Tempel)** ⓲ eine Auszeit –

◸ *Zwischen Skulpturen und Opfergaben: die Pagode des Jadekaisers* ⓰

sie sind Oasen der Ruhe und vermutlich die einzigen Areale ohne durchbrausende Mopeds. Hier zündet man am besten eine **Räucherspirale** an, damit die weiteren Fahrten auf Saigons wilden Straßen unter einem guten Stern stehen mögen. Das inoffizielle Zentrum Cholons ist der **Cho Binh Tay (Binh-Tay-Markt)** ⓱. In der zweistöckigen Halle tummeln sich Händler, Lieferanten und Kunden; die engen Gänge stehen voll mit Waren unterschiedlichster Herkunft und Funktion. Im **hinteren Marktbereich** (s. Kleine Pause S. 87) kann man mit einer kalten Cola verschnaufen und muss keine Angst haben, von eifrigen Lastenträgern über den Haufen gelaufen zu werden.

Nach diesem touristisch prall gefüllten Tag hat man sich am Abend eine angemessene Belohnung verdient. Wie wäre es mit einem privaten Barbecue an seinem persönlichen Tischgrill im Restaurant **Quan Nuong** (s. S. 35) oder mit einem bunt beschirmten Cocktail in der **Breeze Sky Bar** (s. S. 38) auf der Dachterrasse des Hotels Majestic? So lässt sich der Tag stimmungsvoll ausklingen.

Saigon für Citybummler

Im Gegensatz zu europäischen Metropolen, die in der Regel über eine Altstadt und eine großzügige Fußgängerzone verfügen, gibt es Vergleichbares in Saigon nicht. Dennoch ist der historische Distrikt 1 gut per pedes zu erkunden, da die ausladenden, von Bäumen gesäumten Verkehrsachsen über ein breites Trottoir verfügen.

Vorsicht ist aber trotzdem geboten: Die ganz wilden unter den Mopedfahrern betrachten den Bürger-

Das gibt es nur in Vietnam

› *Eine* **Stadtrundfahrt als Sozius** *auf dem Zweirad: Die allgegenwärtigen* **Moped-Taxis** *(Xe Om, s. S. 126) kutschieren einen für wenig Geld durch die Stadt. Nach Absprache lässt sich der fahrbare Untersatz plus Fahrer für eine persönliche Citytour auf Stundenbasis mieten.*

› *Ein* **Universalwerkzeug**, *das von vielen Berufsgruppen benutzt wird – in Vietnam hat die gewöhnliche* **Haushaltsschere** *diesen Status inne. Auf den Märkten des Landes werden damit Karotten zerkleinert, Fische enthauptet, Textilien zurechtgestutzt und Fröschen die kostbaren Extremitäten amputiert. Sehr speziell, wenn auch nicht immer schön anzusehen.*

› *Die Vietnamesen sind – allen amerikanischen Dementis zum Trotz – die* **Erfinder des Drive-in.** *Selbst in den engsten Marktgassen wird, ohne abzusteigen, mit dem Moped eingekauft, an der Kaffeebude erhält man das Getränk in Plastiktüten mit besonders langen Henkeln, damit es während der Fahrt am Lenker baumeln und mit dem Strohhalm konsumiert werden kann und vor dem Banh-Mi-Stand (Sandwich-Bude) bremst man sein Zweirad kurz ab, ruft die Bestellung hinein und gibt nur wenige Sekunden später wieder Vollgas – hier erlebt man eine durch und durch* **mobile Gesellschaft.**

› *Pragmatisch sind sie und chaotisch obendrein:* **vietnamesische Hausnummern.** *Die rege Bautätigkeit führt manchmal zu Problemen mit der Hausnummernvergabe. Plötzlich findet man an einer Straße, wo kurz zuvor noch ein größeres Gebäude stand, fünf kleinere Neubauten. Dann wird die Hausnummer 14 eben fünfmal vergeben: 14/1, 14/2, 14/3 ...*

› *Mittelgroße Bäume, ein Dutzend Bananenstauden, zwei lebendige Schweine, ein massiver Holztisch oder mannshohe Tonvasen: Es gibt fast keine Gegenstände oder Lebewesen, die nicht* **auf dem Moped transportiert** *werden. Transportsicherung und Verkehrssicherheit sind dabei nur etwas für deutsche TÜV-Fetischisten.*

steig in der Hauptverkehrszeit als Erweiterung der Fahrspur. Die Stadt ist komplett **auf das Leben mit dem Zweirad ausgelegt;** selbst auf den Freiluftmärkten steigen die Saigoner nicht von ihrem Moped ab, sondern erstehen die Waren von der Sitzbank aus. Sogar zentrale Grünflächen sind vor den Hondas nicht sicher, weshalb z. B. im Park des 23. September ❷ Metallstangen in 20–30 cm Höhe angebracht sind, um die Zweiradrowdys vom Durchfahren abzuhalten. Aber keine Angst: **Zu Fuß** ist insbesondere die **Innenstadt** sehr gut zu erkunden. Nur sollte man bei der **Straßenüberquerung** besondere **Vorsicht** walten lassen – Tipps hierzu finden sich im Kasten auf S. 15.

Bei Ausflügen in andere Stadtteile ist man hingegen auf Motorkraft angewiesen. Da das **öffentliche Bussystem** (s. S. 128) wegen seiner Unübersichtlichkeit und nicht vorhandenen Linienpläne wenig attraktiv ist, weichen Touristen und Einheimische

Auf ins Vergnügen
Saigon für Citybummler

gleichermaßen auf **Taxis** (s. S. 125) **oder Moped-Taxis** (s. S. 126) aus, wobei letztere den schnellsten Transport gewährleisten. Um sicher und ohne Preisdiskussionen ans Ziel zu gelangen, sollte man jedoch unbedingt einige **wertvolle Tipps** beachten (s. S. 126). Aufgrund des heißen Tropenklimas, der Ausdehnung der Stadt und des Mangels an Fußwegen außerhalb des Stadtzentrums empfiehlt es sich, **bei größeren Distanzen** auf das **Taxi** als Verkehrsmittel zurückzugreifen. Auch die günstigen Tarife der zudem klimatisierten Gefährte sprechen für diese Option.

Im **Distrikt 1** ist die **Dichte an Einkaufsmöglichkeiten** ungemein hoch: Von A bis Z ist hier wirklich alles erwerbbar. Im **Backpackerviertel zwischen Pham Ngu Lao und Bui Vien** ❶ haben sich die Gewerbetreibenden ganz auf das ausländische Klientel spezialisiert und der Rucksackreisende findet hier nahezu alles, was sein Herz begehrt. Die **modernen, klimatisierten Shoppingmalls** an der Le Loi [E/F5] und der Dong Khoi [F4–G5], wie z. B. die beiden Filialen des **Vincom Center** (s. S. 18), sprechen Touristen und Vietnamesen mit größerer Geldbörse gleichermaßen an. Allerdings haben die internationalen Ketten das Angebot inzwischen sehr globalisiert und typisch Vietnamesisches sucht man hier oft vergebens. Für alle **kulinarischen Wünsche** ist der Innenstadtbereich geradezu ein „Schlaraffenland": Neben der **vielseitigen vietnamesischen Küche** (s. S. 23) stehen auch Spezialitäten aus anderen asiatischen Ländern hoch im Kurs; für weniger Experimentierfreudige existieren auch Angebote der westlichen und internationalen Küche in großer Zahl (s. unsere Restaurantempfehlungen auf S. 30).

> **EXTRAINFO**
> Wer die schönsten Ecken Saigons zu Fuß entdecken möchte, dem sei besonders unser **Stadtspaziergang** auf S. 8 ans Herz gelegt.

Rückzugsorte

In der ausgesprochen lebendigen Metropole gibt es leider **kaum Entspannungsorte oder Ruheoasen**. Fast überall bestimmen Menschen und Mopeds das Bild. Wer dennoch einmal in Ruhe ein Buch lesen möchte oder jenseits des Verkehrs einige Minuten in sich gehen möchte, der wird nur in einem der wenigen **Parks der Stadt** fündig. Für vietnamesische Verhältnisse ausgesprochen entspannt geht es im **Tao Dan Park** ❸ zu. Hier findet man immer eine freie Bank und kann sich eine Auszeit von der quirligen Metropole gönnen. Etwas lebendiger und deutlich häufiger besucht ist der **Park des 23. September** ❷. Aber auch hier gilt: Zweiräder dürfen nicht auf das Gelände.

Saigon für Kauflustige

Vielfältig, vielfältiger, Saigon – mit diesem Slogan könnte ein lokales Fremdenverkehrsamt die Einkaufsmöglichkeiten in der südvietnamesischen Metropole vermarkten. Dabei reicht das Spektrum von winzigen Verkaufsständen an der Straße, die Zigaretten und Getränke feilbieten, bis hin zu modernsten, glitzernden Luxus-Shoppingmalls, in denen globale Mode-, Design- und Unterhaltungsfirmen ihre exquisiten Marken präsentieren.

Bei westlichen Besuchern besonders beliebt sind **Markenprodukte** etablierter Textil- und Elektronikhersteller. Ersteht man diese jedoch außerhalb der Einkaufszentren und sind die Preise im unteren Bereich angesiedelt, sollte man sich keiner Illusion hingeben – selbst wenn die Verkäufer vehement behaupten, die Produkte seien „really no fake", sind sie zu 99 % **Raubkopien**. Dabei ist die Qualität nicht unbedingt minderwertig, aber die **deutschen Zöllner** werfen bei Flugverbindungen aus Südostasi-

◁ *An der Rückseite des Ben-Thanh-Marktes* ❸ *warten die Blumenhändler auf Kundschaft*

> **EXTRAINFO**
>
> **Der chaotische Verkehr oder wie überquere ich die Straße?!**
>
> Wer zum ersten Mal eine vietnamesische Großstadt besucht, wird mehr als überrascht sein vom **unglaublich dichten Verkehr**. Einem unendlichen Strom gleich ergießt sich der **Mopedverkehr** über das asphaltierte Flussbett. Während man sich in europäischen Städten am Straßenrand postiert, um eine Lücke im Verkehr zur Überquerung zu nutzen, ist dies in Vietnam oft nicht möglich – es gibt schlichtweg **keine Lücke!** Deshalb muss man diese Lücke mit seinem ungeschützten Körper selbst schaffen. Dabei geht man **gleichmäßig, in moderater Geschwindigkeit** in den Verkehr hinein. Die Mopedfahrer weichen dann automatisch aus und – um noch einmal das Bild des Flusses zu bemühen – man fühlt sich wie ein mobiler Fels in der Strömung, an dem das Wasser vorbeifließt. Nur **Stopps oder spontane Richtungsänderungen** sollte man tunlichst vermeiden, da die Fahrer diese nicht vorhersehen können und ein abrupter Richtungswechsel mit hoher Wahrscheinlichkeit in einen Unfall mündet. Dieses Grundprinzip gilt übrigens nur bei Zweirädern: **Pkw, Lkw und Busse weichen grundsätzlich nicht aus!**

Auf ins Vergnügen
Saigon für Kauflustige

KURZ & KNAPP

Handeln ist Pflicht

Wer in Mitteleuropa ein Produkt erstehen will, der schaut auf das Preisschild, geht zur Kasse und bezahlt den angegebenen Betrag. In den hochpreisigen Einkaufszentren der Stadt (s. S. 18) läuft die **Choreografie des Warenaustausches** auch exakt so ab. Doch alle anderen Verkaufsstände, Büdchen und Geschäfte handhaben es anders. Hier fordert das Verkaufspersonal einen **überhöhten Preis** und erwartet förmlich, dass der potenzielle Käufer widerspricht. Der erstgenannte Preis ist immer mindestens 50 % zu teuer. Eine bleiche Hautfarbe – als Indikator für **frisch eingetroffene, unerfahrene Touristen** – dehnt die Preise weiter nach oben, sogar bis zu 100-200 %. Die höchsten Preise werden im **Zentrum von Saigon** oder auf dem beliebten **Ben-Thanh-Markt** ❸ verlangt. Deshalb ist **Vergleichen erste Kundenpflicht**, will man sich drei Stände später nicht darüber ärgern, dass das gerade erstandene T-Shirt hier nur ein Drittel kostet. So lässt sich der **Marktwert** der Ware besser einschätzen. Nun gilt es, **die Scheu abzulegen** und sich mit einem Lächeln im Gesicht in den **amüsanten Preisschacher** zu stürzen. Wenn nun z. B. eine Verkäuferin nach einem **Preisangebot des Kunden** anfangs kopfschüttelnd auf ihre hungrige, siebenköpfige Kinderschar verweist, ist man meist auf dem richtigen Weg – diese rhetorischen Kniffe gehören zur Choreografie der Preisfindung einfach dazu. **Preisnachlässe von 50 % oder mehr** sind durchaus realisierbar. Nähert sich der Verkäufer den Preisvorstellungen des potenziellen Kunden gar nicht an, hilft oftmals nur **Weggehen**. Nicht selten wird einem dann ein deutlich attraktiveres Angebot hinterhergerufen ...

◁ *Ob Fisch oder Fahrrad: auf Saigons Märkten ist Feilschen erwünscht*

en besonders gern einen prüfenden Blick in die Koffer. Wird man am Flughafen erwischt, wird einem nicht nur die Calvin-Klein-Unterhose, der iPod oder die glitzernde Rolex abgenommen. Zusätzlich zu dem Verlust der gefälschten Waren wird dem Markenpiraten häufig noch eine **saftige Geldstrafe** aufgebrummt.

Einkaufstipps

Bis vor wenigen Jahren kauften die Einheimischen ihre alltäglichen Waren auf dem Markt. In jedem Stadtviertel gab es mehrere **Straßenmärkte** und **überdachte Markthallen**. Diese Märkte existieren heute nicht mehr in dieser Masse und an jeder

Shoppingareale
Die wichtigsten Shoppingbereiche der Stadt sind im Kartenmaterial mit einer rötlichen Fläche markiert.

zweiten Ecke. Stattdessen wurde teilweise das **westliche System der Supermärkte, Kioske und 24-Stunden-Shops** adaptiert. Das macht es für ausländische Besucher etwas einfacher, sich auf eigene Faust zu versorgen, da die Sprachbarrieren bei Selbstbedienung wegfallen und einem die Produkte etwas vertrauter vorkommen. Zusätzlich erhält man so eine generelle Preisvorstellung, die in Verhandlungssituationen auf dem Markt ausgesprochen hilfreich sein kann (Tipps zum Handeln: s. S. 16).

Insbesondere das **Kiosksystem** boomt. In Distrikt 1, dem Zentrum der Stadt, entdeckt man fast alle 100 m einen kleinen Kiosk, der Kaltgetränke, Sandwiches, Eiscreme, Bier oder Zigaretten im Angebot hat. Der interessierte Kunde kann dort quasi von Sonnenaufgang bis in die Nacht hinein seine Vorräte aufstocken.

Bei den **Supermärkten** dominiert die Co.opmart-Kette. Hier erhält man neben einheimischer Ware auch westliche Produkte – zu westlichen Preisen. Das Angebotsspektrum ähnelt dem seiner europäischen Pendants und reicht von Nahrungsmitteln über Kosmetika bis hin zu einfachen Textilien. Da die Öffnungszeiten, anders als in Deutschland, nicht staatlich reglementiert sind, kann man die Supermärkte täglich von früh morgens bis in den späten Abend hinein aufsuchen. Am Wochenende ist der Einkauf dort allerdings wenig ratsam: Menschenmassen schieben sich durch die Gänge und vergällen einem das Shoppingvergnügen. Als zentrale **Shoppingmeile** gilt die Straße **Dong Khoi** [F4–G5].

Supermärkte

1 [G4] **Annam Gourmet Market**, 16–18 Hai Ba Trung, www.annam-gourmet.com, Tel. 08 38229332. Der Name sagt es bereits: Hier erhält man Delikatessen und kulinarische Spezialitäten westlicher Provenienz. Die Importwaren aus Europa, Amerika und Australien haben jedoch teils gepfefferte Preise.

2 [C7] **Citimart Citi Plaza**, 230 Nguyen Trai, www.citimart.com.vn, Tel. 08 38370799. Neben dem umfangreichen Warenangebot spricht auch die äußerst zentrale Lage, nur wenige Gehminuten vom Park des 23. September ❷ entfernt, für diese Einkaufsmöglichkeit.

3 [B6] **Co.opmart (1)**, 189C Cong Quynh, www.co-opmart.com.vn, Tel. 08 38325239. Großes Angebot an vietnamesischen und westlichen Waren. In den etwas engen Gängen geht es ähnlich zu wie auf den Straßen der Stadt: Statt mit Mopeds düsen die Vietnamesen, ohne nach rechts oder links zu schauen, mit kleinen Einkaufswagen über die Supermarktfliesen.

4 [D3] **Co.opmart (2)**, 168 Nguyen Dinh Chieu, www.co-opmart.com.vn, Tel. 08 39301384. Auch in dieser Filiale ist die Auswahl breit gefächert, hier ist jedoch die Textilabteilung größer.

Kaufhäuser und Einkaufszentren

Neben Spezialgeschäften unterschiedlichster Ausrichtung boomen in Saigon **gigantische Luxus-Shoppingmalls**, die mit einem exquisiten Angebot aufwarten. Als Tummelplatz der gehobenen Mittelschicht und der oberen Zehntausend sind sie vor allem an den Wochenenden gut besucht. Aber auch **bodenständigere Einkaufszentren** sind weit verbreitet.

Saigon für Kauflustige

5 [F5] **Thuong Xa Tax (Tax Trade Center)**, 135 Nguyen Hue, www.thuongxatax.com.vn, Tel. 08 38213849, geöffnet: Mo.–Do. 9–21, Fr.–So. bis 22 Uhr. An diesem zentralen Ort erbauten die Franzosen Ende des 19. Jh. erstmals ein luxuriöses Kaufhaus namens Les Grands Magasins Charner. In den 1990er-Jahren firmierte es als Russian Market, da dort viele Russen handelten. Heute bietet das etwas in die Jahre gekommene Einkaufszentrum mehr als 200 Verkaufsstände auf vier Stockwerken und ist preiswerter als die topmodernen Shoppingmalls in der Nachbarschaft. Im 1. OG gibt es einen großen Supermarkt, ansonsten eine Vielzahl an Geschäften für Mode, Elektronik, Schmuck, Taschen etc., außerdem Restaurants und Cafés.

6 [F4] **Vincom Center A**, 171 Dong Khoi/116 Nguyen Hue, geöffnet: tgl. 9–22 Uhr. Bis zum Jahr 2010 standen auf diesem Areal teilweise etwas heruntergekommene französische Kolonialbauten, die dann diesem gigantischen Neubauprojekt weichen mussten, welches im Herbst 2012 seine Türen öffnete. Auf sechs Etagen – über- und unterirdisch – locken Edelboutiquen und Luxuslabels die zahlungskräftige Kundschaft in die klimatisierten Verkaufsräume. Auch ohne Kaufambitionen lohnt sich ein Bummel – selbst wenn er nur der temporären Flucht aus der glühenden Sonne dient.

7 [F4] **Vincom Center B**, 72 Le Thanh Ton/45 A Ly Tu Trong, geöffnet: tgl. 9.30–22 Uhr. Die reflektierende, blaue Außenfassade ist schon von Weitem auszumachen. Unter den beiden Bürotürmen erstreckt sich eine sechsstöckige Shoppingmall, in der viele westliche Markenfirmen Filialen betreiben. Im untersten Stockwerk (B 3) findet man einen riesigen Foodcourt mit westlichen und asiatischen Restaurants.

8 [D6] **Zen Plaza**, 54–56 Nguyen Trai, Tel. 08 9250339, www.zenplaza.com.vn, geöffnet: tgl. 9.30–22 Uhr. Auf mehreren Etagen kann man in diesem Einkaufszentrum sein Geld für Kleidung und Essen ausgeben. Bekannte Mode- und Sportartikellabels besitzen hier lizenzierte Dependancen; im 5. OG laden zahlreiche Restaurants zum Speisen ein.

Märkte

Die Märkte Saigons sind vielfältig: Es gibt überdachte Markthallen, Straßen- und Nachtmärkte. Die innere Struktur der **Markthallen** wird von kleinen Ständen bestimmt, deren Betreiber sich auf eine Produktkategorie spezialisiert haben, z. B. Küchenutensilien, Textilien oder religiöse Gegenstände – hier gibt es wirklich alles Erdenkliche. **Cho** ist der vietnamesische Begriff für „Markt". **Nachtmärkte** werden allabendlich ab 18 Uhr aufgebaut, die Verkaufsaktivitäten beginnen gegen 19 Uhr.

3 [F5] **Cho Ben Thanh (Ben-Thanh-Markt)**. Die bekannteste Markthalle der Stadt, deren Uhrturm das Wahrzeichen von Saigon darstellt.

17 [A9] **Cho Binh Tay (Binh-Tay-Markt)**. Ein ausgesprochen lebendiger Marktbetrieb lässt sich in dieser zweistöckigen Halle im chinesisch geprägten Cholon beobachten.

9 [F5] **Cho Ton That Dam (Ton-That-Dam-Straßenmarkt)**, Ton That Dam. Ein bunter, authentischer, typisch asiatischer Straßenmarkt erstreckt sich auf beiden Seiten dieser zentral in Distrikt 1 gelegenen Straße. Feilschende Kunden und knatternde Mopeds zwischen Obst-

▷ *Tropische Früchte wie Rambutan oder Drachenfrucht lassen sich in Saigon für kleines Geld erstehen*

Auf ins Vergnügen
Saigon für Kauflustige

und Gemüseständen, Textilhändlern und Metzgersfrauen sorgen für ein optisches und akustisches Schauspiel, dessen Besuch auch ohne feste Kaufabsichten mehr als lohnenswert ist. Nur wenige Touristen verirren sich hierher, da sich das Angebot eher an die vietnamesische Hausfrau richtet.

› **Nachtmarkt am Cho Ben Thanh** ❸. In den Straßen Phan Boi Chau und Phan Chu Trinh, geöffnet: tgl. ab 19 Uhr. In den beiden oben genannten Straßen – die östliche und westliche Begrenzung des Ben-Thanh-Markts – deutet bei Tageslicht noch nichts darauf hin, dass hier abends das kommerzielle Leben tobt: Bei Sonnenuntergang beginnen die umtriebigen Händler, ihre mobilen Lädchen aufzubauen und mit Waren zu bestücken. Das Angebot orientiert sich vor allem am touristischen Interesse; folglich sind T-Shirts, Mützen und Andenken die hauptsächlich angepriesenen Güter. Die Anfangspreise sind häufig massiv überteuert, daher ist beinhartes Feilschen (Tipps: s. S. 16) angesagt – zum Teil erhält man das Wunschprodukt für 25–50 % des Ausgangspreises.

🔒10 [E5] **Saigon Square (1)**, 77–89 Nam Ky Khoi Nghia. Wem die Verkäufer am Cho Ben Thanh ❸ zu hartnäckig sind, der findet in dieser Markthalle eine deutlich ruhigere Alternative. Man kann entspannt durch die etwas engen Gänge schlendern, ohne gleich in die Verkaufsstände gezogen zu werden. Die Preise sind ebenfalls unter dem Niveau des Ben-Thanh-Marktes, dafür ist der Verhandlungsspielraum nach unten begrenzt. Besonders Textilien, Schuhe und Elektronisches werden in den Dutzenden winzigen Verkaufsbuden auf zwei Stockwerken angeboten. Modisch wird eher der asiatische Kunde angesprochen, aber auch Europäer können hier und dort ein Schnäppchen machen. Falls einem die Dong ausgehen, findet man im Marktkomplex eine Geldwechselstube.

Saigon für Kauflustige

EXTRATIPP: Kuriose Militär-Mitbringsel

Wer den nächsten Urlaub im Gazastreifen oder im Kongo plant, kann sich in diesem Laden mit der nötigen **Kampfmontur** eindecken: Fleckentarnmuster und Olive-Farbtöne bestimmen das Angebot im Dan-Sinh-Markt. Selbiges reicht von **Stahlhelmen** über martialische **Großdolche** bis hin zu „original" Zippo-Feuerzeugen aus der Zeit des Zweiten Indochinakrieges (s. S. 82). Die pseudohistorische Patina der robusten Feuerzeuge wird angeblich mit einem Säurebad und einer anschließenden Oxidationsphase an der frischen Luft erzeugt …

🔴**12** [E7] **Cho Dan Sinh (Dan-Sinh-Markt)**, 104 Yersin, geöffnet: tgl. 8–17 Uhr

008sa Abb.: Id

🔴**11** [G3] **Saigon Square (2)**, 7–9 Ton Duc Thang. Eine weitere Filiale von Saigon Square, nordöstlich des Stadtkerns gelegen. Die angebotenen Produkte (Textilien, Schuhe, Sonnenbrillen, Uhren und Elektronik) sind fast deckungsgleich. Ein großer Vorteil des neuen Centers: Überall arbeiten robuste Klimaanlagen, die den Kunden beim Anprobieren von Kleidung angenehm kühlen. Da sich der Shoppingtempel eher an Einheimische richtet, sind die Preise meist moderater als im touristischen Stadtzentrum: Selbst gute Feilscher erreichen nicht mehr als 20 % Rabatt.

Bücher

🔴**13** [F4] **Artbook**, 158 ED Dong Khoi, www.artbook.com.vn, Tel. 0838279745. In insgesamt vier Filialen im Innenstadtbereich vertreibt Artbook seine hochwertigen Bücher. Schwerpunkte des Portfolios sind Architektur, Kunst, Fotografie und natürlich Vietnam. Ob politische Propagandaposter oder wissenschaftliche Literatur zu Ausgrabungsstätten in Indochina – hier bekommt man (fast) alles, wobei der Schwerpunkt auf englischsprachigen Druckwerken liegt.

🔴**14** [E5] **Fahasa**, 60–62 Le Loi, www.fahasasg.com.vn, Tel. 08 38225446. Großes Angebot an nicht vietnamesischem Schriftgut: Sachbücher, Landkarten, Belletristik, Postkarten und internationale Presse. Zumeist auf Englisch oder Französisch.

🔴**15** [F5] **Phuong Nam**, 65 Le Loi, im Saigon Centre, 2. OG, www.pnc.com.vn, Tel. 08 38217131. Die etwas versteckt gelegene Buchhandlung bietet auf ca. einem Drittel der Verkaufsfläche internationale Literatur, Krimis, Comics und Bildbände feil. Zu 90 % sind die fremdsprachigen Bücher auf Englisch erhältlich.

Elektronikbedarf

🔴**16** [E5] **Nga's Shops**, 119–121 Le Loi, www.appleshops.vn, Tel. 09 16145678. Ob Speicherkarten für Digitalkameras, ein zu Hause vergessenes Ladekabel oder neue Kopfhörer – in dem bunten Elektronikkaufhaus findet man fast alles. Ob die Markenlogos aber wirklich von den Herstellern auf die Geräte geklebt wurden, steht auf einem anderen Blatt.

Saigon für Kauflustige

🛍 **17** [E6] **Nguyen Kim,** 63 Tran Hung Dao/ Ecke Yersin, www.nguyenkim.com, Tel. 08 38211211. Das große Elektronikkaufhaus bietet von digitalen Spiegelreflexkameras über Handys bis hin zu Kabeln und elektronischem Zubehör alles feil. Hochwertige Markenprodukte sind jedoch nicht preiswerter als in Mitteleuropa. Bei sehr großen Preisdifferenzen zwischen heimischem und vietnamesischem Preis hat man offenbar das Urheberrecht nicht so genau genommen.

Sonstiges

🛍 **18** [E5] **Ngoc Toan (Optiker),** 128 Le Thanh Ton, Tel. 08 38296883. Ob Sehhilfen oder Sonnenbrillen: Das Angebot bei diesem Optiker ist riesig. Innerhalb von wenigen Stunden werden die Gläser geschliffen und in das Wunschgestell eingefügt. Empfehlenswert: Die Werte der Fehlsichtigkeit aus der Heimat mitbringen. Das Personal verfügt über gute Englischkenntnisse.

❭ **Sportgeschäfte an der Huyen Tran Cong Chua** [D4/5]. Direkt neben dem Fußballplatz aus Kunstrasen befinden sich ca. ein Dutzend kleiner Sportfachgeschäfte nebeneinander. Taucherbrille und Schnorchel in der Heimat vergessen? Hier wird man fündig. Von Fußballschuhen über Skateboards bis hin zu Tennisschlägern ist hier alles erhältlich, was Sportbegeisterte brauchen.

EXTRATIPP

Sozialistische Devotionalien

Da Vietnam weltweit **eines der letzten Refugien des real existierenden Sozialismus** ist, kann man im ganzen Land überdimensionale Propagandaplakate auf Straßen und Plätzen bewundern. Die Errungenschaften der staatlichen Planökonomie, Gedenktage und Jubiläen des sozialistischen Vietnams oder – besonders populär – Lobpreisungen des Staatsgründers und Vaters der Nation, Ho Chi Minh (s. S. 68): All dies sind typische Motive der staatlichen Propaganda. Für wenige Tausend Dong kann sich der interessierte Besucher solche Erinnerungen mit nach Hause nehmen. Kleine Spezialgeschäfte in Saigon bieten entsprechende **Poster, Tischfähnchen, Orden und Medaillen** an. Zentral gelegen und von weiteren Anbietern ähnlicher Produkte flankiert ist:

🛍 **19** [E5] **Phu Quy,** 34 Pham Hong Thai, Tel. 08 8241300. Sozialistische Devotionalien und nationale Symbolik werden in diesem winzigen Lädchen gegenüber dem New World Saigon Hotel (s. S. 124) zu kleinen Preisen verkauft. Ob es ein gülden gerahmter Ho Chi Minh oder ein Wimpel mit Nationalflagge sein soll – hier finden Leute mit skurrilem Geschmack ungewöhnliche Memorabilia.

Preislich etwas höher angesiedelt ist die Produktpalette hier:

🛍 **20** [F5] **Saigon Kitsch und Gallery Dogma,** 43 Ton That Thiep, Tel. 08 38218019 (Saigon Kitsch). Unter einem gemeinsamen Dach vertreiben Saigon Kitsch und Gallery Dogma ihre amüsanten, propagandistischen und teils auch kitschigen Produkte. Im EG bei Saigon Kitsch erhält man sozialistische Symbolik auf Kaffeebechern, Laptoptaschen und einer Vielzahl von Gebrauchsgegenständen. Oft mit einer gehörigen Portion Ironie wird hier die propagandistische Ikonografie des 20. Jh. ins Heute versetzt. Im 1. OG in der Gallery Dogma kann der interessierte Kunde bei Dogma original Propagandaplakate oder Reproduktionen auf Papier und Leinwand erstehen. Besonders populär sind die Poster aus der Zeit des Zweiten Indochinakrieges (s. S. 82).

Auf ins Vergnügen
Saigon für Genießer

Saigon für Genießer

Essen und Trinken

unter Mitarbeit von Suza Heitmann

Die **vietnamesische Küche** ist eine der **abwechslungsreichsten** in Südostasien. Die Tradition, alles zu verwerten und nichts verkommen zu lassen, führte seit jeher zu **großer Kreativität**.

Hauptbestandteile sind **Schwein, Huhn, Rind, Fisch und Meeresfrüchte**, jedoch gibt es bei der Zubereitung der Speisen kaum Tabus: Es werden wirklich **alle Teile eines Tierkörpers** verwendet. Lunge, Leber, Zunge, Hühnerfüße und Fischköpfe kommen ebenso zum Einsatz wie das Blut von Rindern, Schweinen und Hühnern. **Frische Zutaten** sind das A und O, denn bis heute hat tatsächlich der Kühlschrank nicht in allen Haushalten Einzug gehalten. Mindestens einmal am Tag geht die Dame des Hauses auf den Markt, um frische Waren zu besorgen. Dabei ist immer die oberste Priorität, dass die Waren appetitlich und von guter Qualität sind – welke Kräuter, unansehnliches Gemüse oder lädierte Früchte schaffen den Weg in den Einkaufskorb nicht. Oft hüpfen Frösche und gackern Hühner auf Märkten – alles muss wirklich „frisch" sein.

Kräuter wie **Zitronengras, vietnamesische Minze, Koriander und Basilikumblätter** verleihen vielen Gerichten eine besondere Note. Sie werden, wie bei der berühmten **Nudelsuppe „pho"**, auf einem Extrateller dazugereicht, um das Gericht nach persönlichem Gusto zu verfeinern. **Reis** kommt in allen Variationen auf den Tisch: natürlich gekocht oder gebra-

Simpel zubereitet, dennoch delikat: bun thit nuong (s. S. 24)

Ob vegetarisch oder fleischlastig: die vietnamesische Küche ist ausgesprochen bunt und vielfältig

Auf ins Vergnügen
Saigon für Genießer

ten, aber auch als Reispapier, Reisnudeln, Reisporridge, Klebreis, Puffreis und Reiswein.

Aufgrund der geografischen Lage und dem damit verbundenen ganzjährig tropischen Klima ist die **südvietnamesische Küche** besonders reich an frischen Zutaten. Das **fruchtbare Mekongdelta** liefert die wichtigsten Bestandteile wie Reis, Gemüse, Früchte und Kräuter in Hülle und Fülle. Während die Küche im Norden eher als salzig zu bezeichnen ist, dominiert im Süden der **süßsaure Geschmack**.

Vietnamesische Gerichte

Zu den typischen Speisen, die man in Ho-Chi-Minh-Stadt vielerorts findet, zählen:

- **banh khot:** Die kleine „Schwester" von *banh xeo* (s. rechts). Diese Reismehlküchlein werden in kleinen, runden Formen ausgebacken und mit Mungbohnen, Frühlingszwiebeln und klein gehackten, gebratenen Shrimps belegt.
- **banh mi:** Baguette, belegt mit Mayonnaise, Leber- oder Fleischpastete, Gurken, eingelegten Karottenstreifen, Koriander, Chilis und Sojasoße. Eine leckere Variante zum Frühstück ist das *Banh mi op la* mit Spiegelei.
- **banh trang nuong:** Das gegrillte Reispapier mit Belag wird auch vietnamesische Pizza genannt – leicht zu erkennen an einem Minigrill, der der Zubereitung dient. Das Reispapier wird zusammen mit einem Wachtelei, Frühlingszwiebeln und Chilisoße über Holzkohle auf einem Rost gegart.
- **banh trang tron:** Reispapiersalat. Grundzutaten sind geschreddertes Reispapier, gehackte Erdnüsse, Chilisoße, Kräuter und ein spezielles Dressing. Das allein macht aber den Salat noch nicht aus – nun heißt es, aus folgenden Zutaten auswählen: getrockneter Fisch, getrocknete Shrimps, gehäckseltes Rindertrockenfleisch, getrocknete Leber und hartgekochte Wachteleier. Mut bei der Auswahl wird mit einem breiten Grinsen der Verkäuferin quittiert, die dann umso motivierter die Zutaten zusammenmischt, in einer Plastiktüte verstaut und mit zwei Holzpins, die als Stäbchen dienen, garniert.
- **banh xeo:** Große, hauchdünne und knusprige Pfannkuchen aus Reismehl, Wasser und Kokosmilch, gelblich gefärbt mit Kurkuma, gefüllt mit Mungbohnen, Mungbohnensprossen, Schweinefleisch und Shrimps. Mit den Stäbchen trennt man kleine, mundgerechte Stücke ab, um sie mit Kräutern in Senf- und Salatblätter oder Reispapier zu wickeln und dann in verfeinerte Fischsoße zu dippen.
- **bo bia:** Eine Variante der Sommerrolle mit Yambohnen- und Omelettstreifen, chinesischen Würstchen, getrockneten Shrimps und Kräutern. Ebenfalls als vegetarische Variante erhältlich.
- **bun bo hue:** Nudelsuppe mit Rindfleisch, benannt nach der Kaiserstadt

Hue, mit starker Zitronengrasnote, dünnen Reisnudeln und einem ganz eigenen Geschmack.
- **bun thit nuong:** Dünne Reisnudeln mit mariniertem, gegrilltem Schweinefleisch, Kräutern, gerösteten Erdnüssen und verfeinerter Fischsoße. In der Luxusvariante auch mit Frühlingsrollen.
- **ca kho to:** Karamellisierter Wels, der mit Zwiebeln, Knoblauch und Fischsoße im Tontopf geschmort wird.
- **canh chua ca loc:** Saure Suppe mit Ananas, Tomaten, Okraschoten, Bohnensprossen und dem für das Mekongdelta typischen Schlangenkopffisch.
- **cha gio:** Frittierte Mini-Frühlingsrollen, wie sie auch bei uns bekannt sind.
- **chao:** Reisporridge mit Huhn *(ga)*, Rind *(bo)*, Schwein *(heo)* oder auch Ente *(vit)*.
- **com tam saigon:** Ein Tellergericht mit Bruchreis, Schweinefleisch (Rippchen, Kotelett oder zerkleinertes Fleisch), Spiegelei und Mixed Pickles oder etwas Salat, meist zum Mittag serviert.
- **goi cuon:** Sommerrollen, serviert mit einer pikanten Erdnusssoße. Schweinefleisch, Shrimps, Reisnudeln, Pilze und Kräuter werden in Reispapier gerollt. Im Gegensatz zu den bei uns sehr bekannten Frühlingsrollen werden Sommerrollen nicht frittiert. Auch als vegetarische Variante erhältlich *(bi cuon chay)*.
- **goi du du bo:** Papayasalat. Besonders bei der Jugend erfreut sich dieser Salat, bestehend aus in Streifen geschnittener, unreifer Papaya, Rindertrockenfleisch, Erdnüssen, Chilis, Kräutern, Reiscrackern und einem köstlich-erfrischenden Dressing, großer Beliebtheit. Ohne den Zusatz *bo* im Namen ebenfalls als vegetarische Variante erhältlich.
- **hu tieu:** Die Schweinefleischvariante der berühmten *pho* (s. rechts) mit Rippchen, *wan tan* (Teigtaschen), Shrimps oder Fleischbällchen. Auch als Nudelgericht mit einer kleinen Schüssel Brühe separat erhältlich.
- **lau:** Ein sehr geselliges Gericht, vergleichbar mit Fondue. Während die Brühe im Topf in der Tischmitte auf einem Kocher blubbert, fügt man die separat gereichten Köstlichkeiten nach und nach hinzu, um sie zu garen. Die Brühe gibt es in verschiedenen Geschmacksrichtungen wie Kokos, fünf Gewürze, Thai sauerscharf oder als einfache Fleisch-, Fisch- oder Gemüsesuppe. Gegessen wird dieser „Hot Pot" mit Nudeln.
- **pho:** Die wohl berühmteste Nudelsuppe des Landes, in Vietnam ein typisches Frühstücksgericht, das jedoch oft den ganzen Tag über in den Ausführungen Rind *(bo)* und Huhn *(ga)* mit flachen Reisbandnudeln und allerlei Kräutern angeboten wird.

Typische Getränke

Starker **Eiskaffee mit süßer Kondensmilch** in großen Trinkgläsern *(ca phe sua da)* oder weniger stark mit mehr Kondensmilch *(bac xiu da)*, **Zuckerrohrsaft** auf Eis *(nuoc mia)*, **Eistee** *(tra da)*, **Fruchtshakes** *(sinh to)*, **frischer Kokosnusssaft** direkt aus der Nuss *(nuoc dua)*, **Wein** *(ruou vang)* und **Bier** *(bia)* werden viel getrunken.

Übrigens: Selbst wenn man sich in Vietnam nur zum Umtrunk trifft, wird auch immer etwas gegessen. Die Vorstellung, lediglich ein Bier vor sich stehen zu haben, ist hier völlig abstrus – ein **getrockneter Tintenfisch** mit dem dazugehörigen Aroma *(muc nuong)* oder ein **angebrütetes, gekochtes Entenei** *(hot vit lon)* gehört mindestens dazu.

Vom Straßensnack zum Restaurant

Die diversen, in Vietnam verbreiteten Speiseanbieter oder Lokale unterscheiden sich sowohl hinsichtlich ihres **Servicestandards** als auch in der

Auf ins Vergnügen
Saigon für Genießer

Art der angebotenen Gerichte. Für einen besseren Überblick folgt hier eine Auflistung:

> **Mobiler Straßensnack (Xe):** Die einfachste Variante der Essensdienstleistung. Überall in der Stadt brausen emsige, ausschließlich männliche Verkäufer auf Fahrrädern und Mopeds durch die Straßen und machen durch eine Rassel, laute Rufe oder kaum zu überhörende Lautsprecheransagen deutlich, was sie anbieten. Preise sind Verhandlungssache. Meist gibt es einfache Snacks wie Klebreis in verschiedenen Varianten, gedämpften Mais, getrockneten Tintenfisch, Reiscracker mit Sesam, geröstete Kastanien, mitunter jedoch auch eine Massage.

> **Stationärer Straßensnack (Don Ganh):** Für Touristen eine kleine Herausforderung. Meist auf kleinen Hockern sitzend, bieten Verkäufer mit kleinem Stand am Straßenrand ihre Spezialitäten an – ganz ohne Speisekarte und Preisauszeichnung. Aber wie findet man nun heraus, was man bestellen kann und wie viel es kostet? Am besten beobachtet man einen vietnamesischen Kunden beim Prozedere. Sollte man am Ende nicht genau nachvollziehen können, welcher Geldbetrag überreicht wurde, macht das nichts – der Verkäufer wird stets klar machen, um welche Summe es sich handelt. Der Stand besteht eigentlich aus zwei Körben, die mit einer Stange über der Schulter zum Ort der Wahl transportiert werden. Sitzplätze gibt es nicht – man isst im Gehen oder sucht sich einen Platz auf einer Bank in einem Park.

> **Garküche (Quan An, Tiem An, Quay):** Garküchen findet man zum Beispiel an Parkeingängen und Straßenkreuzungen, auf Märkten oder einfach auf dem Bürgersteig. Traditionell wird nur eine einzige Spezialität angeboten, die in jahrelanger Arbeit zur Perfektion gebracht wurde. Im Gegensatz zum mobilen bzw. stationären Straßensnack nimmt man auf kleinen Plastikhockern Platz, die allerdings eher an Kindergartenstühle erinnern. In touristischen Gegenden kann es vorkommen,

◸ Einfach, günstig und lecker: die Straßensnack-Betreiber beherrschen ihr Handwerk

dass sogar eine Speisekarte vorliegt und gleich mehrere Speisen angeboten werden.

› **Reguläre Restaurants (Nha Hang):** Oft haben vietnamesische Lokalitäten den Charme und Lautstärkepegel einer Bahnhofshalle, doch kann man vielerorts durchaus in gepflegtem Ambiente essen. Die Palette ist dabei schier unendlich: Von kleinen Familienbetrieben über Fast-Food-Ketten bis hin zu Gourmettempeln, von traditionellen vietnamesischen Restaurants über deutsche Würstchenbuden und französische Crêperien bis hin zu italienischen Bistros bleiben kaum Wünsche unerfüllt.

Was man sonst noch wissen sollte

Wer in einer Garküche ein besonders schmackhaftes Gericht probiert hat und am folgenden Tag noch einmal dort essen möchte, ist vielleicht irritiert, dass nun eine ganz andere Mahlzeit aufgetischt wird. Oft **teilen sich mehrere Köche einen Standort** und so gibt es morgens *pho* (s. S. 24), während mittags ein anderer Küchenmeister sein *com tam saigon* (s. S. 24) serviert.

So mancher Mutige hat in Saigon sein **Lieblingsgericht** gefunden, ohne überhaupt zu wissen, was genau er da isst. Wer sich den Namen merkt oder aufschreibt, kann das Gericht anschließend im Internet googeln. Das ist aufschlussreich, sorgt aber mitunter für Überraschungen ob der vielleicht unerwarteten Zutaten.

Wer sich Sorgen macht, dass ihm in Saigon „aus Versehen" **Hundefleisch** untergeschoben wird, dem sei hiermit hoffentlich alle Angst genommen: Erstens wird in Südvietnam deutlich weniger Hund konsumiert als etwa im Norden des Landes und zweitens ist Hundefleisch wesentlich teurer als Huhn, Schwein oder Rind und somit nicht als „billiger Ersatz" tauglich.

Trinkgeld (Tien Tip/Tien Bo)

Obwohl viele Berufszweige in Vietnam aufgrund ihres geringen Grundverdienstes dringend auf Trinkgeld angewiesen sind, sind die Vietnamesen selbst meist nicht besonders spendabel bei diesem Thema. Während der eine, dem vielleicht das „Biermädchen" – junge Damen in knapper Bekleidung, die eine spezielle Biermarke anbieten – besonders sympathisch ist, am Ende des Abends ein üppiges Trinkgeld springen lässt, wird eine andere Familie lediglich den auf der Rechnung ausgewiesenen Betrag bezahlen und das Lokal verlassen.

Grundsätzlich wird in Vietnam **in Lokalen und Restaurants** kein Trinkgeld erwartet, doch hat sich dies im Laufe der letzten Jahre vor allem in Großstädten, touristischen Zentren und hochpreisigen Gegenden sehr verändert – mancherorts wird sogar eine **Servicegebühr auf der Speisekarte** aufgeführt. Welche Kosten sonst noch auf den Gast zukommen können, findet sich auf S. 27.

Völlig **abwegig** ist es, **einfachen Straßenhändlern** Trinkgelder zu geben. Sollte man es dennoch versuchen, ist die Wahrscheinlichkeit groß, dass einem das Geld immer wieder vehement zurückgegeben wird. In **Garküchen** und an **Marktständen** ist es ebenfalls unüblich, mehr als den für das Mahl genannten Preis zu bezahlen.

Die **Grundregel** lautet in etwa: Sobald man beim Essen ein Dach über dem Kopf hat, kommt auch das Trinkgeld ins Spiel, weiterhin ausgenommen sind überdachte, einfache Gar-

Auf ins Vergnügen
Saigon für Genießer

EXTRAINFO

Zusatzkosten im Restaurant

Eines vorweg: Grundsätzlich speist man in Saigon, wie auch in ganz Vietnam, **deutlich preiswerter als in mitteleuropäischen Gefilden**. Selbst erstklassige Restaurants sind nach westlichen Maßstäben günstig, wobei die Qualität des Gebotenen manchmal regelrecht nach einem Michelin-Stern schreit. Trotzdem kommt es beim finalen Bezahlvorgang nicht selten zu Diskussionen, manchmal sogar zu regelrechten Streitigkeiten. Das liegt jedoch häufig daran, dass dem Neuling die **lokalen Regeln** nicht geläufig sind. Folgende **Zusatzkosten** können die Rechnung in die Höhe treiben:

› In Vietnam findet man nur selten Servietten auf dem Tisch. Stattdessen erhält man vom Kellner kleine, in Plastikfolie eingepackte **Feuchttücher**. Jedes benutzte Tuch erscheint am Ende auf der Rechnung. In der Regel liegt der Preis pro Tuch bei ca. 3000 Dong (0,15 US$). Lässt man die Tücher ungenutzt, kosten sie auch nichts.

› Bei den oft sehr hohen Temperaturen ist der Durst einfach größer. Auch wenn man bereits andere Erfrischungen bestellt hat, wird deshalb gern zusätzlich **Eistee** serviert. Dafür verlangen manche Restaurants eine **Gebühr**. Der Preis des Eistees, der auch nur bei Konsum bezahlt werden muss, hängt von der Preisklasse des Lokals ab. Im Mittel kostet ein *tra da* (gesprochen: *cha da*) um die 4000 Dong (0,20 US$).

› Die **Servicegebühr** *(service charge/ phi phuc vu)* schlägt sich mit zusätzlich 10 % auf die Rechnungssumme nieder.

Abgesehen von diesen manchmal ärgerlichen Extragebühren sollte man sich eines immer vergegenwärtigen: Meist lohnt es nicht, sich wegen einiger Tausend Dong mehr auf der Rechnung aufzuregen. Denn rechnet man die Summe mit den vielen Nullen am Ende in Euro zurück, kommt man nur auf **wenige Eurocent**.

---

küchen, zum Beispiel auf Märkten. Es ist ebenfalls nicht üblich, den Endbetrag verbal inklusive Trinkgeld zu nennen. Stattdessen lässt man sich das **Wechselgeld** bringen, um dann entweder dem Kellner sofort das Trinkgeld zu geben oder die entsprechende Summe auf dem Tisch liegen zu lassen. Sollte man an einen Tisch auf dem Bürgersteig oder am Ausgang gesessen haben, ist Vorsicht geboten, da man nie weiß, wer das Geld vom Tisch nimmt.

Was die **Höhe des Trinkgeldes** betrifft, sollte der Preis in schlichten Lokalitäten lediglich etwas aufgerundet bzw. um bis zu einen Dollar (ca. 20.000 Dong) in der Landeswährung erhöht werden. In besseren Restaurants gelten ungefähr 5–10 % des Rechnungsbetrages als Richtwert, jedoch mindestens 20.000 Dong.

Übrigens: Eine „**Langnase**" (Europäer, Westler) **in einem eher untouristischen Restaurant** bedeutet immer auch Stress für die Angestellten: Wer spricht etwas Englisch? Wird der Auserwählte den Ausländer überhaupt verstehen oder sich völlig blamieren? Was tun, wenn keiner herausbekommt, was der Fremde möchte? Warum nur nimmt dieser Mensch ständig das Eis aus seinem Bierglas, obwohl „beer on the rocks" ein gängiges Getränk darstellt? Sicherlich werden mit einem **Trinkgeld** die Angst-Schweißperlen auf der Stirn der Angestellten etwas schneller trocknen und es **entschädigt für den zusätzlichen Stress**.

Der kulinarische Tagesablauf

Wer sich in Vietnam umschaut, sieht Menschen essen – immer und überall. **Fast an jeder Ecke wird etwas gebrutzelt**, die Straßen sind voll mit fahrenden Händlern, die ihre kulinarischen Köstlichkeiten anbieten und kleine wie große Restaurants erfreuen sich großer Beliebtheit bis in den späten Abend hinein.

Eine klare Differenzierung der einzelnen Mahlzeiten des Tages erschließt sich dem Besucher nicht auf den ersten Blick, denn **meist wird warm gegessen**. Ob Nudelsuppen in allen Variationen, Reisgerichte oder auch gebratene Nudeln, schon morgens dampft und duftet es überall.

Ein **typisches Frühstück** besteht zum Beispiel aus Nudelsuppe *(pho/hu tieu)*, Reisnudelgerichten *(bun)*, Reisporridge *(chao)* oder angebrüteten, gekochten Enteneiern *(hot vit lon)* – für manchen Reisenden doch recht gewöhnungsbedürftig am frühen Morgen. Unseren westlichen Gewohnheiten kommt sicherlich das belegte Baguette *(banh mi)* am ehesten entgegen. Ergänzt mit *ca phe sua da* (Eiskaffee) und nuoc mia (Zuckerrohrsaft mit einem Spritzer Limone) ist ein guter Start in den Tag garantiert. Die Gerichte lassen sich an jedem beliebigen Straßenstand erstehen.

Ab **Mittag** bieten viele Restaurants ihre **vorgekochten Gerichte in Glasvitrinen** an, aus denen man auswählen kann. Dabei spielt Reis die tragende Rolle, da er den größten Teil auf dem Teller ausmacht – die Fleisch-, Fisch- und Gemüsegerichte werden darauf drapiert. Isst man mit mehreren Personen, kommt eine **große Reisschüssel** auf den Tisch und die Gerichte werden separat dazu gereicht. Jeder bekommt ein Schälchen, in das man erst den Reis und anschließend die Gerichte füllt. Nicht fehlen darf die typische vietnamesische **Fischsoße** *(nuoc mam)*, die, oft mit Chili verfeinert, **zum Würzen und Dippen** dient.

Eine klassische Menüfolge ist in Vietnam nicht üblich; zwar wird oft eine leichte Brühe gereicht, diese wird jedoch gleichzeitig mit dem Essen serviert und gegessen. Am Ende werden Früchte gereicht.

Das **Abendessen** unterscheidet sich kaum vom Mittagessen – Reis ist wiederum der Hauptbestandteil des Essens; im familiären Kreis kommen dazu häufig die **Reste des Mittagessens** auf den Tisch.

Tischsitten

In Vietnam **ist und isst man selten alleine** – in Restaurants sieht man kaum jemanden einsam an einem Tisch sitzen. Man gewinnt, gerade mittags, den Eindruck, alle Esslokalitäten seien **Fast-Food-Restaurants**, denn die Vietnamesen **essen sehr schnell** und springen, kaum ist der Teller leer, auf, um zu zahlen und das Lokal zu verlassen. Besonders extrem ist dies in Garküchen und an kleinen Ständen – da wechselt das Gegenüber durchaus bis zu dreimal, bis man seine Nudelsuppe geschlürft hat. Aber auch größere Gruppen bleiben nach Beendigung des Essens nicht lange sitzen. Man geht lieber noch einen Eiskaffee trinken oder abends ins Bierlokal.

Dass die **Gemeinschaft** in Vietnam eine große Rolle spielt, spiegelt sich auch in der Esskultur wider: Geht man mit Familie, Freunden oder Kol-

▷ *Links den Löffel, rechts die Stäbchen: so isst man eine Nudelsuppe*

Auf ins Vergnügen
Saigon für Genießer

legen aus, wird nicht, wie bei uns üblich, pro Person ein Gericht bestellt und bezahlt, sondern **man wählt gemeinsam Verschiedenes aus**. Die Speisen werden in **beliebiger Reihenfolge** sofort nach der Fertigstellung aus der Küche auf den Tisch gebracht. Umgehend bedient sich jeder und füllt eifrig sein Schälchen. Auf diese Art kommt man in den Genuss vieler verschiedener Köstlichkeiten. So ist es wenig verwunderlich, dass „Hot Pot" und **BBQ (Barbecue)** auf kleinen Tischgrills – Speisen, die das gemeinschaftliche Zubereiten und Verzehren hervorheben – **ausgesprochen populär** sind.

Ansonsten geht es in vietnamesischen Lokalen **eher leger** zu. Jeder benimmt sich ganz nach eigenem Gusto – da macht es nichts aus, wenn mal ein Fleischbällchen unter die Sitzbank kullert (s. vietnamesische „Tischunsitten" unten). Letzteres ist häufiger zu beobachten, wenn sich **„Stäbchen-Unerfahrene"** mit einer Nudelsuppe abmühen. Deswegen

darf (und muss manchmal auch) die **Schale zum Mund geführt** werden.

Nicht wundern, wenn der Tisch vor lauter Schüsseln, Tellern und Besteck fast zusammenbricht: In einfachen Restaurants wird nach dem Essen **nicht sofort abgeräumt**, da dies dem

KURZ & KNAPP

Vietnamesische „Tischunsitten"

Dort, wo heute Hochglanzfliesen jedes Staubkorn aufzeigen, war früher vor lauter Müll kaum eine Fliese sichtbar, denn an der Tafel ging es meist recht wüst zu. Was auf dem Tisch nicht mehr zu gebrauchen war, landete ungeniert darunter. Leere Muschelschalen, Fischgräten, abgeknabberte Hühnerknochen, gebrauchte Servietten, Zahnstocher und Zigarettenkippen hatten ja schließlich nichts auf der Tafel zu suchen. Je wilder das Gelage, desto größer der **Müllberg unter und um den Tisch**. Nachdem die Gäste die Lokalität verlassen hatten, wurde einmal **beherzt durchgekehrt** und schon war wieder alles aufgeräumt und bereit für die nächste Verwüstung.

Auch heute finden sich – abseits der Touristenpfade – noch einige Restaurants, wo diese Praxis gang und gäbe ist. Der vielerorts **am Kopfende des Tisches aufgestellte kleine Mülleimer** wird dort konsequent ignoriert. Der für Europäer etwas gewöhnungsbedürftige Umgang mit Lebensmittelresten wird oft **fälschlicherweise mit schlechtem Essen oder mangelnder Hygiene gleichgesetzt** – hier sollte man aber keine voreiligen Schlüsse ziehen. **Viele einheimische Gäste** sind fast immer ein **sicherer Indikator** für eine preiswerte und gute Küche, auch wenn das Restaurant in westlichen Augen vielleicht etwas „ungepflegt" erscheint.

Kellner die Rechnungserstellung erleichtert: Anhand der auf dem Tisch gestapelten Teller und Schüsselchen kann er nämlich besser nachvollziehen, welche Gerichte verzehrt wurden und diese dann korrekt berechnen. Erst nach dem Bezahlen wird der Tisch abgeräumt.

Bei ausgelassenen Männerrunden steht oftmals eine **Bierkiste am Tisch,** die nicht von Pfandsammlern vergessen wurde, sondern der Aufbewahrung des Leergutes dient. Statt Strichen auf dem Bierdeckel werden beim Bezahlen einfach die leeren Flaschen in der Kiste addiert.

Hervorhebenswerte Lokale

Internationale Restaurants

› **27 Grill Restaurant** $^{\$\$\$\$}$, in der Chill Skybar (s. S. 39), geöffnet: tgl. 17.30–23 Uhr. Die dänischen Küchenchefs verzaubern ihre Gäste mit skandinavisch-französischer Küche, die ihren Preis hat.

21 [E4] **Au Parc** $^{\$\$\$}$, 23 Han Thuyen, http://auparcsaigon.com, Tel. 08 38292772. Die französisch-mediterran orientierte Küche mit vietnamesischer Note lockt Saigoner wie Besucher der Stadt an. Tolles Ambiente in einem alten Kolonialgebäude, das im Inneren mit unverputzten Wänden und alten Bodenfliesen auftrumpft. Très chic!

22 [E5] **Barbecue Garden** $^{\$\$\$}$, 135 A Nam Ky Khoi Nghia, www.barbecuegarden.com, Tel. 08 38233340, geöffnet: tgl. 11–23 Uhr. Dank weißer Lichterketten in den Bäumen herrscht im Barbecue Garden das ganze Jahr über weihnachtliche Stimmung. Eine Vielzahl an Tischen unter freiem Himmel, alle mit integriertem Gasgrill, steht den Gästen zur Verfügung – bei Regen bietet ein mobiles Dach Schutz. Fleisch, Meeresfrüchte und Gemüse lassen sich auf dem Grill zubereiten. Die Combo-Teller für 3–4 Pers. sind allerdings für sehr Hungrige etwas knapp kalkuliert. Das Ambiente entschädigt aber für die kleinen Portionen. Beim Bezahlen empfiehlt es sich, einen prüfenden Blick auf die Rechnung werfen – die Kellner verrechen sich manchmal zuungunsten des Gastes.

23 [E4] **Bia Tuoi Tiep** $^{\$\$-\$\$\$}$, 107 Pasteur, www.biatuoitiepvn.com, Tel. 08 38248619. Im Fokus dieser Lokalität steht das selbst gebraute Gammer Beer: Auf tschechischer Tradition fußend, wurde dieses Brauhaus von einem Vietnamesen eröffnet, der zuvor 30 Jahre in dem deutschen Nachbarland verbracht hatte. Das köstliche Bier, in den Varianten hell und dunkel ausgeschenkt, wird durch eine umfangreiche Speisekarte mit vietnamesischen und mitteleuropäischen Köstlichkeiten abgerundet. Das blonde Kaltgetränk kann sowohl in den klimatisierten Räumlichkeiten als auch auf der Außenterrasse verköstigt werden.

› **Camargue** $^{\$\$\$\$}$, in Vasco's Bar & Lounge (s. S. 40), geöffnet: tgl. 18–23 Uhr. Gehobene mediterrane Küche mit französisch-italienischem Einschlag.

24 [D6] **Cappuccino** $^{\$\$}$, 86 Bui Vien, Tel. 08 39203134. Ein italienisch-vietnamesisches Restaurant, dessen Spezialität leckere Pizza ist. Die Pizzen gibt

---

Preiskategorien

Die Preise gelten für ein Hauptgericht ohne Getränk.

$	bis 80.000 Dong (ca. 4 US$)
$$	80.000–160.000 Dong (ca. 4–8 US$)
$$$	160.000–260.000 Dong (ca. 8–13 US$)
$$$$	über 260.000 Dong (ca. 13 US$)

Auf ins Vergnügen
Saigon für Genießer

es in drei Größen: 20, 25 und 30 cm. Außerdem verschiedene Pastagerichte.

25 [F4] **Golden Elephant** $$$, 34 Hai Ba Trung, Tel. 08 38228554. Der thailändische Chefkoch sorgt persönlich für die Authentizität der feilgebotenen Kost. Kleine und große Gerichte decken dabei fast das gesamte Spektrum von Siams feiner Küche ab.

26 [F4] **La Crêperie** $$$, 17/7 Le Thanh Ton, www.lacreperie.com.cn, Tel. 08 38247070, geöffnet: 11.30–23 Uhr. Die Bretagne mitten in Saigon: Hier stehen sowohl herzhaft als auch süß gefüllte Crêpes auf der Speisekarte. Leckere Eisbecher verlocken als Dessert. Empfehlenswert sind auch die dreigängigen Mittagsmenüs, die werktags (außer Mo.) bis 14.30 Uhr serviert werden.

27 [G3] **Pizza 4P's** $$$, 8/15 Le Thanh Ton, www.pizza4ps.com, Tel. 0120 7894444, geöffnet: tgl. 11–23 Uhr. Minimalistisches, sehr stilvolles Ambiente und die gesamte Palette der italienischen Küche auf der Speisekarte. Für alle, die auch mal Heimweh nach europäischer Küche haben, welche hier auf hohem Niveau präsentiert wird. Nicht ganz preiswert.

28 The Deck $$$$, 38 Nguyen U Di (Distrikt 2), www.thedecksaigon.com, Tel. 08 37446632, geöffnet: tgl. ab 8 Uhr. The Deck liegt genau am Ufer des Saigon-Flusses – näher kann man dem Wasser nicht kommen. Das Ambiente ist gehoben, das international inspirierte Essen ausgezeichnet und die Preislage entsprechend: Die ungemein schmackhaften Cocktails kosten z. B. ab 150.000 Dong. Zum Sonnenuntergang gibt es in der Stadt nur wenige Orte mit mehr Flair. Leider liegt diese gastronomische Perle etwas außerhalb des Zentrums: Die Taxifahrt dauert ca. 30 Min. und schlägt mit rund 200.000 Dong zu Buche. Wer es besonders exklusiv mag, der kann sich auch mit dem Privatboot im Distrikt 1 abholen und ganz romantisch zum Restaurant schippern lassen (Bootsabholung muss telefonisch vorgebucht werden).

› **The Sushi Bar** $$, im Zen Plaza (s. S. 18), 5. OG, www.sushibar-vn.com, Tel. 08 39250377, geöffnet: tgl. 10–22 Uhr. Preislich besonders attraktiv sind die Mittagsmenüs (12–15 Uhr), die um die 100.000 Dong kosten: Zusätzlich zum gewünschten Gericht beinhalten sie eine Misosuppe und *chawanmushi* (gestocktes Ei mit Krabben und Hühnerfleisch). Sehr zu empfehlen sind auch die köstlichen Sushi-Rollen und das frische TigerBier vom Fass.

29 [E5] **Tokyo Deli** $$$, 240 Le Thanh Ton, www.tokyodeli.com.vn, Tel. 08 54042244, geöffnet: tgl. 11–22 Uhr. Solides Sushi-Restaurant, das im EG mit Thekenplätzen und Tischen, in den oberen Stockwerken mit klassisch japanischen Sitzgelegenheiten auf dem Boden aufwartet.

30 [D3] **Tokyo Town** $$, 188 Nam Ky Khoi Nghia, Tel. 08 39300595, geöffnet: tgl. 11–14.30 u. 17–24 Uhr. Ein lautes „Irasshaimase!" („Willkommen!") schallt dem Besucher beim Betreten dieses japanischen Restaurants entgegen. Auf zwei Etagen wird in der quirligen Speisestätte die ganze Bandbreite von Nippons Küche angeboten, wobei im 1. OG der Schwerpunkt auf feinstem Sushi und leckerem Tempura (im Teigmantel frittierte Speisen) liegt. Eine Vielzahl an jungen Kellnerinnen sorgt dafür, dass die Bestellungen flott entgegengenommen werden.

Gastro- und Nightlife-Areale
Bläulich hervorgehobene Bereiche in den Karten kennzeichnen Gebiete mit einem dichten Angebot an Restaurants, Bars, Klubs, Discos etc.

Auf ins Vergnügen
Saigon für Genießer

Vietnamesische Küche

31 [D5] **Banh Cuon La** $, 267 Ly Tu Trong, Tel. 08 422117281. Gedämpfte Reismehlpfannkuchen in allerlei Variationen sowie frische und frittierte Frühlingsrollen stehen auf der bebilderten Speisekarte. Die Bedienung ist etwas langsam, aber freundlich. Die Gerichte kosten um die 40.000 Dong, bei großem Hunger besser zwei bestellen – so kann man auch mehr ausprobieren!

32 [D3] **Banh Xeo Muoi Xiem** $$, 190 Nam Ky Khoi Nghia, www.muoixiem.com, Tel. 08 39330207. In dem kleinen Restaurant in heller Bambusoptik liegt der Schwerpunkt auf einem einzigen Gericht, das in vielerlei Variationen serviert wird: *banh xeo*. Die vietnamesischen Reismehlpfannkuchen mit verschiedenen Füllungen rollt man in Salatblätter ein und genießt sie mit Fischsoße als Dip. Sehr gesund, sehr lecker – und man kann dem Koch sogar bei seiner Arbeit in der Freiluftküche über die Schulter schauen.

33 [F5] **Beefsteak Nam Son** $-$$, 200 Bis Nguyen Thi Minh Khai, www.namsonsteak.com, Tel. 08 39303917, geöffnet: tgl. 6–22 Uhr. Vegetarier sind hier definitiv an der falschen Adresse: Allerlei Fleischgerichte zieren die Speisekarte und man könnte das Restaurant als sehr vietnamesische Variante eines Steakhauses beschreiben. Eine besondere Empfehlung ist die Kombi-Platte mit Beefsteak, Ei, Pastete und Fleischbällchen, aber auch Ungewöhnliches wie z. B. Straußensteak lässt sich probieren. Da die Mahlzeiten auf einer heißen Steinplatte serviert werden, ist das Essen hier ein „spritziges" Vergnügen – im Restaurant ist es folglich etwas rutschig.

34 [C6] **Din Ky** $$, 137 C Nguyen Trai, http://dinky.com.vn, Tel. 08 38392357. Besonders bei Vietnamesen mit chinesischen Wurzeln ist diese Speisestätte auf zwei Etagen beliebt. Im 1. OG speist man klimatisiert, im EG – am späteren Abend auch mit vielen Plätzen auf dem Trottoir – ohne technische Kühlung. Das Angebotsspektrum reicht von einfacher asiatischer Küche bis hin zu Exotischem wie Krokodil, Steinfisch oder Ochsenpenis (!). Die frischen Seetiere lassen sich übrigens in Aquarien bestaunen und bei Interesse als Speise auswählen. Zu empfehlen sind die Hot Pots, bei denen man sich das Essen am Tisch selbst köchelt. Speisekarte auch auf Englisch.

35 [D6] **Huong Vy** $-$$, 177 Pham Ngu Lao, geöffnet: tgl. 0–24 Uhr. Einfache und preiswerte Gerichte, die besonders von der Backpackerszene gut angenommen werden. Die Plätze direkt an der Straße sind vor allem abends zum „Passantengucken" äußerst beliebt; für Nachteulen ist das Huong Vy ebenfalls sehr attraktiv, da es warmes Essen rund um die Uhr anbietet.

36 [F5] **Lemongrass** $$, 4 Nguyen Thiep, Tel. 08 38220496. Die zentrale Lage, ein ruhiges Ambiente auf mehreren Etagen und eine vielfältige Speisekarte mit Gerichten aus ganz Vietnam machen das Lemongrass insbesondere bei ausländischen Besuchern populär.

37 [C6] **Minh Duc** $$, 35 Ton That Tung, Tel. 08 39254539. Typisch vietnamesisches Restaurant mit großer Glasvitrine. Ohne lokale Sprachkenntnisse kann man sich die vorgegarten Gerichte per Fingerzeig auswählen und bekommt sie dann mit einer Portion Reis serviert. Auf der gegenüberliegenden Straßenseite (Hausnr. 100) findet sich eine weitere Filiale von Minh Duc.

38 [E5] **Mon Hue** $, 134 Le Thanh Ton, Tel. 08 22162207. Wer neugierig auf die zentralvietnamesische Küche ist, der sollte eine der neun Zweigstellen von Mon Hue aufsuchen. Hue ist eine Stadt in der Mitte des Landes. Besonders berühmt ist hier wiederum eine Nudelsuppe, die *bun bo*, welche in der Farbe

Auf ins Vergnügen
Saigon für Genießer

dunkler und im Geschmack schärfer auf den Tisch kommt. Auch weitere Spezialitäten aus Hue sind auf der bebilderten Speisekarte zu finden.

- **39** [C7] **Monsoon Restaurant & Bar** $$$, 1 Cao Ba Nha, Tel. 08 62908899, geöffnet: tgl. 10–23 Uhr. Stilvoller asiatisch-europäischer Architekturmix und liebevoll angerichtete Speisen mit einem Schwerpunkt auf feiner vietnamesischer Küche, die ausgesprochen gut munden. Liegt etwas von der Straße zurückversetzt.

› **Nachtmarkt am Cho Ben Thanh** ❸ $. In den Straßen Phan Boi Chau und Phan Chu Trinh, geöffnet: tgl. ab 19 Uhr. Neben den Souvenir-, Uhren- und Textilienständen stellen auch drei Restaurants für die Abendstunden ihre Tische und Stühle auf. Bei Touristen wie Einheimischen beliebt, lassen sich hier, mit Blick auf die Flanierenden, einfache, aber schmackhafte Gerichte bestellen.

- **40** [E4] **Nha Hang Ngon** $$, 160 Pasteur, Tel. 08 38277131. Erstklassiges vietnamesisches Restaurant. Ein tolles Ambiente sowie delikate Speisen sind in dem luftigen, gelben Gebäude im Kolonialstil garantiert.

- **41** [F5] **Nhu Lan** $, 66–68 Ham Nghi, Tel. 08 8292970. In dem lebendigen Eckrestaurant, nur wenige Meter vom majestätischen Bitexco Financial Tower ❹ entfernt, kann man die ganze Vielfalt der vietnamesischen Straßenküche kennenlernen. Diverse winzige Verkaufsstände bieten gemeinsam ihre Speisen zum Verkauf – so kann man die unterschiedlichsten Gerichte zum kleinen Preis probieren. So lecker, dass das Restaurant von den besten Restaurantkritikern der Stadt besucht wird: den Einheimischen! Die schlichte Speisekarte offeriert knapp 30 Gerichte und ist mit „englischen Untertiteln" versehen. Auf keinen Fall sollte man sich die köstlichen Fruchtsaftshakes entgehen lassen, bei deren Zubereitung man zusehen kann.

- **42** [E5] **Pho 2000** $, 1 Phan Chu Trinh, Tel. 08 38224294. Neben der Nudelsuppe *pho*, die in mehreren Varianten angeboten wird, stehen weitere asiatische Speisen auf der Karte. Dank Klimaanlage und einer Armada von Ventilato-

△ *Frische Zutaten finden die Restaurantbetreiber auf dem Markt*

Auf ins Vergnügen
Saigon für Genießer

EXTRATIPP

Lokale mit guter Aussicht

Das Klima und die südvietnamesische Mentalität sorgen dafür, dass man in vielen Restaurants **draußen an der Straße speist** und so am lebhaften Treiben der Stadt teilhat. Einen **romantischen Ausblick auf den Saigon-Fluss** bietet das Restaurant **The Deck** (s. S. 31).

Wer die Metropole einmal von oben betrachten möchte, der hat verschiedene Möglichkeiten: Klassiker wie die **Saigon Saigon Rooftop Bar** (s. S. 39) im Caravelle Hotel, der **Rooftop Garden** (s. S. 39) des **Rex Hotels** ❻ oder die **Breeze Sky Bar** (s. S. 38) im Hotel Majestic sind seit Jahrzehnten populäre Anlaufpunkte. Alle drei Locations können neben dem obligatorischen Sundowner auch mit kleinen bis mittleren Speisekarten aufwarten. Die **Chill Skybar** (s. S. 39) ist hingegen recht neu. Kulinarisch befindet sie sich auf einem derart hohen Niveau, wie es sich für ein Lokal im 27. Stock geziemt.

Für den späten Hunger

Die meisten Restaurants Saigons haben mit regulären Öffnungszeiten europäischer Provenienz nicht viel am Hut. In den Abend- und Nachtstunden findet man daher **fast an jeder Ecke** noch ein Etablissement, das hungrige Nachteulen satt und glücklich macht. Wer morgens um 5 Uhr Appetit bekommt, dem sei das **Huong Vy** (s. S. 32) ans Herz gelegt: Es liegt zentral im Backpackerviertel ❶ und hat rund um die Uhr geöffnet.

Lecker vegetarisch

Vegetarier werden in Vietnam noch immer als **Exoten** betrachtet. Auch wenn die Auswahl an rein vegetarischen Restaurants in Saigon nicht mit dem Angebot in westlichen Metropolen mithalten kann, muss man als Fleischverzichter nicht verhungern. **Die meisten Restaurantküchen** zaubern auf Anfrage auch ein **fleischloses Gericht** auf den Teller. Doch Vorsicht: Da den meisten Vietnamesen eine strikt vegetarische Ernährung unbekannt ist, kann es durchaus vorkommen, **dass Gemüse in Fleischbrühe gekocht wird** oder die Chilischote auf dem gleichen Grillrost wie das Steak zubereitet wird. Wer auf Nummer sicher gehen will: Das Restaurant **Tin Nghia** (s. S. 35) besitzt eine Speisekarte ausschließlich mit vegetarischen Gerichten.

---

ren kann man die Suppen selbst an heißen Tagen verköstigen, ohne zu sehr ins Schwitzen zu geraten. Das wusste schon der ehemalige US-Präsident Bill Clinton, der hier in den 1990er-Jahren zu Gast war. Daher rührt auch der Leitspruch von Pho 2000: „Pho for the President".

🍴43 [C7] **Pho Hung** $, 241 Nguyen Trai, Tel. 08 38385089. Eines der besten Pho-Restaurants der Stadt: Stets frisches Rinder- und Hühnerfleisch, knackiges Gemüse und große Suppenportionen machen den Besuch zu einem Fest für den Magen.

🍴44 [C6] **Pho Quynh** $, 323 Pham Ngu Lao, Tel. 08 38368515. Das berühmteste Nationalgericht des Landes, die Nudelsuppe pho, wird in diesem Eckrestaurant in vielerlei Kreationen dargeboten. Pho-Fans schwärmen besonders von pho ga, der Variante mit Hühnerfleisch.

🍴45 [E4] **Quan Ngon 138** $$, 138 Nam Ky Khoi Nghia, www.ngon138.com, Tel. 08 38279666, geöffnet: tgl. 7–22 Uhr. Wer sich einmal durch die breit gefächerte kulinarische Landkarte Vietnams essen möchte, ist hier genau richtig. Über 200 Gerichte werden feilgeboten. Das typisch vietnamesische Gebäude im kolonialen Stil wurde erst im 21. Jh. errichtet.

Auf ins Vergnügen
Saigon für Genießer

46 [F5] **Quan Nuong** $^{\$\$\$}$, 29–31 Ton That Thiep, Tel. 08 38211631. Auf der Dachterrasse wird nach Herzenslust gebrutzelt: In den Tischplatten integrierte Grills machen jeden Besucher zu einem Barbecuemeister. Einfach das gewünschte Grillgut bestellen und los geht's. Sehr beliebt bei den Saigonern, deshalb empfiehlt sich eine telefonische Reservierung. Die Popularität spiegelt sich auch in den für vietnamesische Verhältnisse gehobenen Preisen wider.

47 [E6] **Tin Nghia** $^{\$}$, 9 Tran Hung Dao, Tel. 08 38212538, geöffnet: tgl. 7.30–13 u. 16.30–20 Uhr. Der klitzekleine Familienbetrieb in der Nähe des Busbahnhofs Ben Thanh (s. S. 129) serviert seit Jahren ausschließlich rein vegetarische Gerichte. Da auch eine englische Speisekarte ausliegt, entfallen sprachliche Verständnisprobleme: Einfach die Nummern der gewünschten Gerichte auf einem Zettel notieren und dem Personal geben.

48 [D7] **Tung Hung** $^{\$}$, 147 Tran Hung Dao, Tel. 08 39207920, geöffnet: tgl. 6.30–24 Uhr. Im Fokus steht hier, wie so oft, die Nudelsuppe. Doch unterscheidet sie sich bei Tung Hung vom Nationalgericht *pho*: Die Suppe wird auf Basis einer Schweinebrühe zubereitet und heißt *hu tieu*. Als Extras kann man Rippchen, *wan tan*, Shrimps oder verschiedene andere Zutaten individuell kombinieren, neben den obligatorischen Reisbandnudeln. Auch in der trockenen Variante bestellbar, bei der die Brühe in einer separaten Schüssel serviert wird. Als Getränk sind die schmackhaften Fruchtsäfte zu empfehlen.

Cafés und Eiscafés

Die meisten Cafés und Eiscafés in Saigon verfügen über ein **WLAN-Netz**, in das man sich einwählen kann. Ist man sich nicht sicher, fragt man am besten vor Ort nach.

Smoker's Guide

In Vietnam kommen die westlichen Bestrebungen, das Rauchen einzuschränken und Nichtraucher zu schützen, nur mit äußerst großer Zeitverzögerung an. So herrscht zwar in **klimatisierten Restaurants** *häufig ein Rauchverbot, doch in 90% der Lokale darf weiter gemütlich vor sich hingequalmt werden. Kurzum:* **Für Raucher** *dürfte Vietnam* **eines der letzten Paradiese** *sein, in dem sie ihrer Leidenschaft noch weitestgehend ungestört nachgehen können.*

49 [F5] **Brodard Bakery,** 11 Nguyen Thiep, www.brodardbakery.com, Tel. 08 38223965. Bereits seit über sechs Jahrzehnten kann man bei Brodard feines Backwerk erstehen: Vom schlichten Baguette bis hin zum filigranen Blaubeertörtchen bleiben fast keine Wünsche offen.

50 [D4] **Doppio Coffee,** 100 Nguyen Thi Minh Khai, Tel. 08 38224439. Warme oder kalte Kaffeespezialitäten und belegte Brote locken täglich viele Besucher in dieses kleine Café. Attraktiv sind vor allem die preiswerten Frühstückskombinationen aus Getränk und Speise, die zwischen 7 und 10 Uhr morgens angeboten werden.

51 [D6] **Effoc Coffee,** 29 Nguyen Van Trang, Tel. 08 62551555. Köstliche Kaffee- und Kakaogetränke, heiß oder kalt, dazu Gebäck und Sandwiches. Getränke zum Mitnehmen werden in Plastiktüten mit langen Henkeln und Strohhalm übergeben – praktisch, um sie an den Mopedlenker zu hängen.

52 [F5] **Fanny Ice Cream (1),** 29–31 Ton That Thiep, www.fanny.com.vn, Tel. 08 38211633. Ihre leckeren Eiscremebe-

Saigon für Genießer

cher machen Fanny seit den 1990er-Jahren zu einer der Institutionen für Liebhaber der kalten Leckerei. Das Eis wird nach französischer Art produziert. Inzwischen gibt es sechs Filialen im Saigoner Stadtgebiet. Ein Eisbecher kostet zwischen 80.000 und 100.000 Dong.

○ **53** [E6] **Fanny Ice Cream (2),** 6 A Tran Hung Dao, www.fanny.com.vn, Tel. 08 39153787. Eine weitere größere Fanny-Filiale, die sich ebenfalls im touristisch interessanten Zentrum von Distrikt 1 befindet.

○ **54** [E4] **Highlands Coffee,** 75 Nguyen Du, im EG des Bürohochhauses Metropolitan Building, www.highlandscoffee.com.vn, tgl. geöffnet. Die Filiale der vietnamesischen Kaffeehauskette befindet sich ganz in der Nähe der Cathédrale Notre-Dame ⓫.

○ **55** [F5] **Kem Bach Dang,** 26–28 Le Loi, Tel. 08 8292707. Eines der ältesten Cafés der Stadt ist über die Jahre zu einer Institution geworden. Das liegt einerseits an den diversen Eisvariationen, andererseits an der Örtlichkeit: Das Café befindet sich an einer der lebendigsten Ecken der Stadt; von dort lässt sich das pulsierende Leben im Saigoner Zentrum aus nächster Nähe beobachten. Und wer genug von den süßen Köstlichkeiten hat, der steigt einfach auf Bier um.

○ **56** [F5] **L'Usine,** 151/1 Dong Khoi, 1. OG, www.lusinespace.com, Tel. 08 66743565, geöffnet: tgl. 7.30–22.30 Uhr. Etwas schwierig zu finden, da man von der Dong Khoi aus eine kleine Gasse bis zum Ende gehen muss, um dort in der ersten Etage diese Café-Perle zu finden. Die schwarz-weiße Vintage-Einrichtung des L'Usine ist stilsicher und geschmackvoll. Ein besonderer Tipp sind die üppig belegten Baguettes und die knackig frischen Salate. Mit angeschlossener Boutique für Mode- und Designprodukte.

○ **57** [D6] **Pasteles de Saigon,** 40 Bui Vien, www.pasteles.com.vn, Tel. 08 66579592. Kuchen, Törtchen und leckeres Gebäck finden sich in der Angebotspalette dieser erstklassigen Konditorei. Sowohl Tische an der Straße als auch klimatisierte Sitzgelegenheiten im Inneren erwarten die Gäste. Abrunden lassen sich die kulinarischen Sünden mit heißen oder eiskalten Kaffeevariationen.

○ **58** [E4] **Schneider's Finest German Bakery,** 27 Han Thuyen/Ecke Pasteur, Tel. 08 22296910. Aus Deutschland importierte Zutaten und traditionelle Backkunst führen hier zu ausgesprochen leckeren Resultaten: Ob Vollkornbrot, Nussecke oder ein üppig belegtes Sandwich – bei Schneider's ist man an der richtigen Adresse.

○ **59** [D6] **Sozo,** 176 Bui Vien, www.sozocentre.com, Tel. 08 62719176, geöffnet: tgl. 7–22.30 Uhr. Leckeren Kuchen genießen, einen Eiskaffee oder Smoothie trinken und dabei Gutes tun: Das Sozo ist eine soziale Einrichtung, die unterprivilegierten Saigonern und Behinderten eine Chance auf ein neues Leben gibt. 15–20 hauptsächlich junge Menschen lernen hier das Einmaleins der Gastronomie von der Pike auf. Nicht ganz günstig, aber für einen guten Zweck.

○ **60** [E5] **Tutti Frutti Frozen Yoghurt,** 15–17 Phan Chu Trinh, Tel. 08 38222449. Kalte Getränke und köstliches Eis stehen im Fokus der internationalen Frozen-Yoghurt-Kette. Das Joghurteis füllt man – je nach Geschmacksrichtung – an mehreren „Zapfhähnen" in den Becher und garniert es anschließend mit dem Überzug und der Deko seiner Wahl. Am Ende wird alles gewogen und pro 100 g abgerechnet. Nicht ganz preiswert, also beim Befüllen etwas Vorsicht walten lassen.

○ **61** [D6] **Yogurt Space,** 147 Tran Hung Dao, www.yogurtspace.com, Tel. 08 73017676. Das Joghurteis von Yogurt Space mit verschiedensten Soßen und Früchten hilft auf sehr schmackhafte

Saigon am Abend

Aktuell und in absehbarer Zukunft wird Ho-Chi-Minh-Stadt nicht in die Liste der spektakulärsten Partystädte weltweit aufgenommen werden. Mit der Wiedervereinigung des Landes 1975/76 endete die Phase des ausschweifenden, sündigen Nachtlebens abrupt. Für die Hanoier Führung war diese Art von Vergnügen Symbol der verkommenen, kapitalistischen Dekadenz. Erst seit den 1990er-Jahren gewinnen liberalere Ansichten wieder Zulauf, werden Klubs und andere Vergnügungsstätten toleriert. Nach wie vor amüsieren sich die Saigoner am liebsten in der Kneipe um die Ecke oder an kleinen Tischen vor den Restaurants. Dort sind die Getränke auch viel preiswerter!

Weise, dem Organismus bei den oft sehr heißen Temperaturen innere Abkühlung zu verschaffen. Vor allem bei der Saigoner Jugend sehr beliebt, mit schallender Musik und Gratisnutzung der hauseigenen Computer.

Imbisse

62 [D5] **Banh Mi Huynh Hoa** $,
26 Le Thi Rieng, Tel. 08 39250885, geöffnet: tgl. 15.30–24 Uhr. Die köstlich belegten Baguettes – je nach Wunsch mit Pastete, Fleisch und/oder Gemüse – ziehen nach Feierabend viele Saigoner in diese kleine Bude. Auf wenigen Quadratmetern schnippeln, bestreichen und belegen ein halbes Dutzend Angestellte unzählige Weißbrote. Und draußen stauen sich die Mopeds, da das Huynh Hoa nur Essen zum Mitnehmen bietet und es folglich keine Sitzgelegenheiten gibt. Selbst wer gerne scharf speist, sollte sich vor den Chilis in Acht nehmen.

63 [E5] **Burger King** $$, 26–28 Pham Hong Thai. Im Oktober 2012 eröffnete hier die erste Innenstadtfiliale der bekannten Burgerkette.

▽ Das Hotel Majestic mit seiner offenen Dachterrasse (Breeze Sky Bar, s. S. 38) ist seit Jahrzehnten eine der populärsten Adressen in Saigon

Nachtleben

Klubs und Livemusik

64 [C4] **Acoustic,** 6 E 1 Ngo Thoi Nhiem, Tel. 08 39302239, geöffnet: tgl. ab 19 Uhr. Etwas versteckt in einer Seitengasse gelegen. Fast allabendlich spielen im vermutlich aktivsten Livemusikklub der Stadt Bands aus Vietnam oder dem Rest der Welt. Dabei sollte man sich vom Namen der Lokalität nicht in die Irre führen lassen: Nur in seltenen Fällen wird der Verstärker nicht eingeschaltet.

65 [G4] **Apocalypse Now,** 2 C Thi Sach, Tel. 08 8256124, geöffnet: tgl. ab 20 Uhr. Seit über zwei Jahrzehnten einer der angesagtesten Klubs der Stadt. Im vorderen Bereich mit Tanzfläche, hinten gibt es ruhige Sitzgelegenheiten und einen Billardtisch. Mit Ausnahme des Samstags kommt man kostenlos rein. Bunte Mischung aus feierfreudigen Touristen, Expats und Einheimischen. Jedoch ist Vorsicht geboten: Die meisten sexy gekleideten Vietnamesinnen sind hier, um Geld zu verdienen, und die Taxifahrer vor dem Klub verlangen zu später Stunde überzogene Preise für den Heimweg – also handeln oder in einer der nahe gelegenen Hauptstraßen nach einer Fahrgelegenheit suchen.

66 [D6] **Fuse Saigon,** 138 Le Lai, Tel. 09 37550220. geöffnet: tgl. 21–2 Uhr. Kleinerer Klub im Herzen der Stadt, mit wechselnden, auch weiblichen DJs, die eher für den vietnamesischen Geschmack auflegen und zwischen lokalen Popgrößen, Kirmes-Techno und internationalen Hits pendeln. Getränkepreise auf erhöhtem Niveau.

67 [F4] **Lavish Bar,** 5/8 Nguyen Sieu, Tel. 09 85363393, geöffnet: tgl. 21–3 Uhr. R'n'B und Hip-Hop sind die Musikschwerpunkte, die ein gemischtes westlich-vietnamesisches Publikum anziehen. Aufwendiges, wenn auch etwas schwülstiges Interieur.

68 [G3] **Lush,** 2 Ly Tu Trong, www.lush.vn, Tel. 08 38242496, geöffnet: tgl. 20–2 Uhr. Populärer Klub, der sich jedoch erst zu später Stunde wirklich füllt. Pastellfarbene Beleuchtung, eine mittig im Raum gelegene Bar und eine Zuschauerbalustrade im 1. OG bestimmen die Optik. Partyschwerpunkt am Wochenende, jeden Dienstag ist hier Ladies Night. Westliche Klubmusik und westliche Preise.

69 [F5] **Sax n' Art Jazz Club,** 28 Le Loi, www.saxnart.com, Tel. 08 8228472. Wenn abends der Saxophonist und Klubbesitzer Tran Manh Tuan mit seiner Hausband aufspielt, könnte man meinen, man sei in New York. Auch wechselnde Künstler aus aller Herren Länder zeigen hier ihr Können. Für Jazzfans ein Muss! Besonders empfehlenswert sind die Balkonplätze im 2. OG. Man sollte jedoch die Getränkepreise im Auge behalten; hier gibt es keine Schnäppchen.

Bars und Lounges

70 [G5] **Breeze Sky Bar,** im Hotel Majestic, 5. OG, 1 Dong Khoi, www.majesticsaigon.com.vn, Tel. 08 38295517, geöffnet: tgl. 0–24 Uhr. Wenn es in Saigon einen Ort gibt, den man unbedingt erleben sollte, dann diesen. Dem Besucher wird ein unversperrter Blick auf den Saigon-Fluss geboten: Rostige Kähne ziehen gemütlich ihre Bahnen, Frachterkapitäne betätigen das Signalhorn, eine laue Brise zieht über die Terrasse und man hält einen kühlen Cocktail in der Hand – besser geht es kaum! Besonders zum Sonnenuntergang beeindruckend bis romantisch.

71 [F5] **Broma,** 41 Nguyen Hue, Tel. 08 38236838, geöffnet: tgl. 17–2 Uhr, Sa./So. auch länger. Wechselnde DJs unterschiedlicher Genre-Ausrichtung legen im Broma auf, mit kleiner Tanzfläche und grandioser Aussicht von der Dachterrasse. Riesige Bierauswahl lokaler und internationaler Brauereien.

Auf ins Vergnügen
Saigon am Abend

Einzig der offizielle Slogan „Not a Bar" erschließt sich nicht ganz.

❼72 [D6] **Chill Skybar**, AB Tower, 26./27. OG, 76 A Le Lai, www.chillsaigon.com, Tel. 08 38272372, geöffnet: tgl. ab 17.30 Uhr. Der Blick von der Dachterrasse des AB Towers ist – besonders nach Einbruch der Dunkelheit – einmalig. Mit ihren illuminierten Tischen schafft die Bar eine unvergleichliche Atmosphäre. Die Cocktails sind allerdings etwas kostspielig. Ganz wichtig: Es gilt ein strenger Dresscode; Gäste in Flipflops, Sandalen und kurzen Hosen müssen draußen bleiben. Das 27 Grill Restaurant (s. S. 30) ist angeschlossen.

› **Rooftop Garden im Rex Hotel** ❻, geöffnet: tgl. 0–24 Uhr. Die Bar auf der Dachterrasse ist ein äußerst beliebter Treffpunkt im Zentrum Saigons. Während des Vietnamkriegs (s. S. 82) tauschten sich hier Korrespondenten aus aller Welt im informellen Rahmen über Neuigkeiten aus.

› **Rund um die 96 Bui Vien** [E6]. Eines der Epizentren der nächtlichen Backpackerszene: Auf Dutzenden von kleinen Plastikstühlen hocken allabendlich viele Rucksacktouristen und bekämpfen die Nachthitze mit einem kühlen, günstigen Bier. Kleine Verkaufsstände und Büdchen sorgen zuverlässig für Nachschub und hygienisch grenzwertige Sanitäranlagen in den Hinterhöfen für die Entlastung der Blase.

❼73 [F4] **Saigon Saigon Rooftop Bar**, im Caravelle Hotel, 9. OG, 19–23 Lam Son, www.caravellehotel.com, Tel. 08 38234999, geöffnet: tgl. ab 11 Uhr. Schon seit dem Vietnamkrieg eine der bekanntesten Dachterrassen der Stadt. Unter freiem Himmel genießt man einen atemberaubenden Ausblick auf die Skyline Saigons. Während der Happy Hour (16–20 Uhr) gelten Two-for-One-Angebote für Bier und Wein.

△ Grandioser Ausblick mit Atmosphäre: die Chill Skybar

Saigon am Abend

KURZ & KNAPP

Karaoke-Kaugummi-Konjunktur

Schon BWL-Studenten im ersten Semester lernen, dass ein Unternehmen diversifiziert und die Produktpalette möglichst breit sein sollte, um gegen etwaige Konjunktureinbrüche gewappnet zu sein. Diese Weisheit ist auch in Saigon angekommen und viele Städter gehen im Tagesverlauf gleich mehreren Tätigkeiten nach. Einen besonders **einfallsreichen Unternehmer** kann man jeden Abend **im Backpackerviertel** ❶ rund um die Bui Vien beobachten: Hier zieht ein junger Mann mit seinem massiv aufgerüsteten Fahrrad und einer **einzigartigen Geschäftsidee** durch die quirligen Innenstadtstraßen. Auf dem Rad haben durch Zubauten eine kräftige Batterie und eine potente Lautsprecheranlage Platz gefunden. Das Zweirad wird alsdann vor einem belebten Restaurant aufgebockt, die Musik angeworfen, der junge Mann greift mutig zum Mikro und **verwandelt sein Rad in eine mobile Karaoke-Bude**. Während er mit dem schnurlosen Mikro von Tisch zu Tisch schlendert und dabei vietnamesische Liebeslieder zum Besten gibt, hält er in seiner freien Hand **Kaugummis und Süßigkeiten** zum Kauf bereit. Ob es nun an der Qualität des Gesangsvortrags oder der Produkte liegt, bleibt unklar, aber die angesungenen Vietnamesen langen kräftig zu. Am Ende dürfen die Kunden sogar selbst zum Mikrofon greifen. Der Karaoke-Mann **nimmt Musikwünsche entgegen** und mutige Hobbysänger beschallen mit ihren mehr oder weniger gelungenen Songinterpretationen den halben Häuserblock. Zum Preis von nur 20.000 Dong hat man dann ein vielköpfiges Publikum, das quasi zum Zuhören gezwungen ist ... Die Geschäftsidee des jungen Mannes hat auch schon Nachahmer gefunden.

❼**74** [F4] **Vasco's Bar & Lounge**, 74/7 D Hai Ba Trung, www.vascosgroup.com, Tel. 08 38242888 geöffnet: tgl. ab 16 Uhr. Während im Erdgeschoss und auf der Außenterrasse mediterran gespeist wird (Camargue, s. S. 30), schwingt man im ersten Stock das Tanzbein zu internationaler Pop- und Elektronikmusik. Populär bei Expats, man spricht Englisch oder Französisch.

Theater und Konzerte

❼**75** [C5] **Golden Dragon Water Puppet Theatre**, 55 B Nguyen Thi Minh Khai, www.goldendragontheatre.com, Tel. 08 8272653, Vorstellungen: tgl. 17, 18.30 u. 19.45 Uhr (Dauer ca. 50 Min.), Eintritt: 150.000 Dong (ca. 7,50 US$). Das Wasserpuppentheater (s. S. 41) ist so etwas wie die Augsburger Puppenkiste auf Vietnamesisch – nur aufwendiger, mystischer und spektakulärer. Hier kann man ein einzigartiges Stück vietnamesischer Kultur kennenlernen.

❼**76** [bg] **Hoa Binh Theatre**, 143 Thang 2 (Distrikt 10), Tel. 08 38655026. Das riesige Betongebäude kann seine architektonischen Wurzeln nicht verleugnen: Es wurde mit russischer Hilfe gebaut und 1985 eröffnet; der klotzige Zweckbau würde auch in Wladiwostok nicht auffallen. Die bis zu 2300 Zuschauer kommen in den Genuss unterschiedlichster Bühnenkunst. Ausländische Musiker und Bands, lokale Puppentheaterkünstler oder Tanzensembles präsentieren hier ihre Fertigkeiten. Ebenfalls im Komplex integriert ist das große Kino Cinebox.

❺ [G4] **Opera House (Nha Hat Long)**. In dem französischen Kolonialbau im Zentrum Saigons befindet sich die bekannteste Bühne der Stadt. Die Aufführungen erstrecken sich über Oper, traditionelles und modernes Ballett, klassische Musik und Folklore-Shows.

Nationales Kulturgut: das Wasserpuppentheater (Mua Roi Nuoc)

*Das Wasserpuppentheater findet tatsächlich **im nassen Element** statt. Die Puppenspieler stehen hinter einem Bambusvorhang hüfttief im Wasser. Sie steuern die hölzernen Puppen durch **Stangen und Seilzüge**, die sich **unterhalb der Wasseroberfläche** befinden und deshalb für den Zuschauer unsichtbar bleiben. Begleitet wird die Aufführung durch ein **Musikorchester**, das die dargestellten Geschichten musikalisch untermalt und den Holzfiguren zum Teil eine Stimme verleiht.*

*Die Wurzeln dieser weltweit einzigartigen Theaterkunst reichen **knapp 1000 Jahre** zurück. Damals zogen vermutlich erste Schauspielensembles durch das Kernsiedlungsgebiet des Viet-Volkes im Delta des Roten Flusses. Die **unter Wasser stehenden Reisfelder** und **kleinen Dorfteiche** dienten dabei als **natürliche Bühne**. Einerseits sollten die Aufführungen die launischen Haus- und Feldgeister besänftigen, andererseits trugen sie zur **Unterhaltung der hart arbeitenden Landbevölkerung** bei. Deshalb sind die Inhalte der aufgeführten Episoden deutlich an das Leben der Bauern angelehnt: Feldarbeit und Fischfang werden thematisiert; Wasserbüffel, aber auch Feuer speiende Drachen und böse Geister kommen zum Einsatz. Die **Puppenspieler** galten als **verschworene Gemeinschaft**. Die Kunst des Puppenbaus und die Unterwassertechniken wurden wie ein Augapfel gehütet und das Wissen darüber nur innerhalb einer Familie weitergegeben.*

*In der Neuzeit **drohte** diese einmalige Kunstform **auszusterben**. Die Vietnamesen waren über Jahrzehnte ausschließlich mit Krieg, Überleben und Wiederaufbau beschäftigt. Erst eine **französische Organisation von Kulturaktivisten** baute in den 1980er-Jahren die historischen Puppen nach und konnte so das fast vergessene Genre wiederbeleben. Heute existieren mit dem **Golden Dragon Water Puppet Theatre** (s. S. 40) in Ho-Chi-Minh-Stadt und dem Thang-Long-Theater in Hanoi landesweit zwei feste Spielstätten. Regelmäßig touren die Ensembles auch international und präsentieren diese urvietnamesische Kunstform im Ausland.*

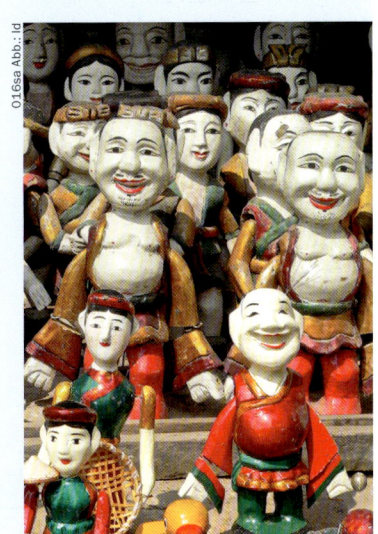

▷ *Die traditionellen Wasserpuppen sind auch als Souvenir beliebt*

Saigon für Kunst- und Museumsfreunde

Ho-Chi-Minh-Stadt ist eine rasant wachsende Metropole, in der das Hauptaugenmerk auf wirtschaftlicher Entwicklung liegt. Diese **ökonomische Orientierung** führt dazu, dass kulturelle Einrichtungen wie Museen oder Theater im Vergleich zu westlichen Metropolen weniger zahlreich vertreten sind. Hier gilt der Grundsatz: Zuerst muss die Nudelsuppe verdient werden, bevor man sich mit den schönen Dingen des Lebens beschäftigen kann. Mit dem **wachsenden Wohlstand** beginnt jedoch langsam, ein mentaler Wandel einzusetzen; die **Kultur** ist – wenn auch etwas zögerlich – **auf dem Vormarsch**.

Museen

77 [E6] **Fine Arts Museum (Bao Tang My Thuat)**, 97A Pho Duc Chinh, www.baotangmythuattphcm.vn, Tel. 08 294441, geöffnet: tgl. 10–17 Uhr, Eintritt: 10.000 Dong (ca. 0,50 US$). Der einstige Besitzer des repräsentativen Kolonialbauwerks, das heute das Kunstmuseum beheimatet, war ein wohlhabender chinesischer Kaufmann, einer der reichsten Männer der Stadt. Und das sieht man dem mächtigen Gebäude auch an. Lange Flure, bodentiefe Fensterfronten und historische Fliesen bestimmen das Bild. Auf drei Stockwerken kann sich der interessierte Besucher einen umfassenden Überblick über die vietnamesische Kunstgeschichte machen. Dabei reicht das Spektrum von Artefakten aus der frühen Oc-Eo-Kultur bis hin zu zeitgenössischen Werken, die besonders zahlreich präsentiert werden. Im Museum und in den angeschlossenen Galerien lassen sich zudem Skulpturen und weitere Kunstwerke für das heimische Wohnzimmer erstehen.

15 [F2] **History Museum (Bao Tang Lich Su)**. Von antiken Kulturen, den Kriegen und Völkerwanderungen in Indochina bis hin zur letzten Nguyen-Dynastie reicht das museale Spektrum im historischen Museum.

78 [G6] **Ho Chi Minh Museum (Bao Tang Ho Chi Minh)**, 1 Nguyen Tat Thanh (Distrikt 4), Tel. 08 400647, geöffnet: tgl. 7.30–12 u. 13.30–17 Uhr, Eintritt: 10.000 Dong (ca. 0,50 US$). Seit den 1860er-Jahren musste jeder, der per Schiff nach Saigon reiste oder die Stadt verließ, dieses hübsche Kolonialgebäude durchqueren: das Zollhaus. Der bekannteste Passant war im Jahr 1911 Nguyen Sinh Cung, der als Ho Chi Minh (s. S. 68) Weltruhm erlangen sollte. Heute kann man im „Drachenhaus", so der Spitzname des alten Zollgebäudes, eine Huldigung des Freiheitskämpfers erleben. Persönliche Gegenstände wie Sandalen und viele Fotografien dokumentieren sein Leben. Unmittelbar am Saigon-Fluss gelegen, hat man von hier eine ideale Sicht auf das lebendige Geschehen auf dem Wasser.

9 [E4] **Museum of Ho Chi Minh City (Bao Tang Thanh Pho Ho Chi Minh)**. Hier kann man den Aufstieg Saigons vom Fischerdorf zur Millionenmetropole im Schnelldurchlauf nachvollziehen. Die gut erhaltene Kolonialarchitektur des Gouverneurspalastes bildet einen beeindruckenden Rahmen.

Museen, die mit einer magentafarbenen Nummer (**9**) als Hauptsehenswürdigkeit ausgewiesen sind, werden im Kapitel „Saigon entdecken" ausführlich beschrieben. Dort finden sich auch alle praktischen Informationen wie Adresse, Öffnungszeiten usw.

Saigon für Kunst- und Museumsfreunde

79 [bg] **Museum of Traditional Vietnamese Medicine (FITO Museum),** 41 Hoang Du Khuong (Distrikt 10), www.fitomuseum.com.vn, Tel. 08 38642430, geöffnet: tgl. 8.30–17.30 Uhr, Eintritt: 50.000 Dong (ca. 2,50 US$). In dem medizinischen Museum (auf Vietnamesisch: Bao Tang Y Hoc Co Truyen) erhält man einen Überblick über die fernöstliche Heilkunst: von der Frühzeit bis heute. Neben den 3000 Exponaten fasziniert auch das liebevoll gestaltete Museumsgebäude mit der filigranen, größtenteils hölzernen Inneneinrichtung. Im Eintrittspreis inbegriffen ist auch ein einführender Dokumentarfilm. Empfehlenswert sind ferner die fachkundigen Führungen auf Englisch. Im angeschlossenen Lädchen kann man sich mit Fachliteratur oder pharmazeutisch wirksamen Kräutern und Tinkturen eindecken.

80 [C3] **Southern Women's Museum (Bao Tang Phu Nu Nam Bo),** 200–202 Vo Thi Sau (Distrikt 3), www.womanmuseum.net, Tel. 08 9325519, geöffnet: tgl. 8–11 u. 13.30–17.30 Uhr, Eintritt: frei. Das etwas in die Jahre gekommene Frauenmuseum nimmt die Rolle der Frau in der vietnamesischen Gesellschaft in den Fokus. Über drei Etagen erstreckt sich die Ausstellungsfläche. Gezeigt werden hübsche traditionelle Kostüme und Exponate über vietnamesische Heldinnen, die auch in Kriegszeiten „ihren Mann standen". Erläuterungen gibt es leider fast nur auf Vietnamesisch.

14 [D4] **War Remnants Museum (Bao Tang Chung Tich Chien Tranh).** Thematisch wird im Kriegsrelikte-Museum der Zweite Indochinakonflikt (s. S. 82), im Westen besser bekannt als Vietnamkrieg, beleuchtet. Neben Fotodokumenten und Plakaten ist im Außenbereich auch schweres, militärisches Gerät zu besichtigen. Es gibt englische Erläuterungen.

12 [D4] **Wiedervereinigungspalast (Dinh Thong Nhat).** Der ehemalige Präsidentenpalast besticht durch seinen ausgesprochen musealen Charakter und lädt zu einer Zeitreise in die 1960er- und 1970-Jahre ein: Hier gibt es Zeitgeschichte zum Anfassen.

Im Wiedervereinigungspalast **12** *wurde Geschichte geschrieben*

Kunstgalerien

Wer die Werke alter vietnamesischer Meister oder vielversprechender Talente der Gegenwart erstehen möchte, der sollte dem **Fine Arts Museum** (s. S. 42) einen Besuch abstatten. Dort wird zeitgenössische Kunst zum Kauf angeboten, zum Teil von den anwesenden Künstlern persönlich.

Auch in den **angrenzenden Gebäuden** haben sich **Galeristen** mit einem bunten und vielfältigen künstlerischen Angebot niedergelassen. Ein Schwerpunkt stellt dabei **Kunst mit politisch-propagandistischem Hintergrund** dar. Häufig werden historische Motive, teils modern verfremdet, als künstlerische Grundlage verwendet.

Ein weiteres **Epizentrum der Saigoner Kunstszene** hat sich **rund um die Einkaufsmeile Dong Khoi** [F4–G5] angesiedelt. Die sehr schmalen Galerien besitzen zur Straße hin meist nur ein kleines Schaufenster mit Eingang. Doch in den lang gezogenen Ausstellungsräumen dahinter kann man mit etwas Glück sein persönliches Kunstwerk finden. Preislich sollte man nicht unbedingt mit dem ganz großen Schnäppchen rechnen, da allein schon die happigen Ladenmieten an der Dong Khoi refinanziert werden müssen. Folgende **Galerien** sind auf jeden Fall einen Besuch wert:

81 [F5] **Apricot Gallery,** 50–52 Mac Thi Buoi, www.apricotgallery.com.vn, Tel. 08 38227962. Hier werden die wichtigsten vietnamesischen Künstler in fast schon musealem Ambiente präsentiert. Auf drei Stockwerken kann man nach dem passenden Bild oder einer schönen Skulptur für das heimische Wohnzimmer Ausschau halten. Preislich hat man allerdings das obere Ende der Fahnenstange erreicht: Die Summen bewegen sich durchaus im vierstelligen Dollar-Bereich, aber ein Besuch lohnt sich auch nur zum Gucken, ohne Kaufabsicht.

82 [F4] **Le Xuan Art Gallery,** 26 Ly Tu Trong, 1. OG, Tel. 08 38224590. In mehreren Räumlichkeiten, die bis unter die Decke mit Bildern gefüllt sind, kann man sich umschauen und wird auf Wunsch auch freundlich beraten.

83 [F5] **Lotus Gallery,** 67 Pasteur, www.lotusgallery.vn, Tel. 08 38292695. Seit über 20 Jahren ist diese Galerie in der Saigoner Kunstszene präsent. Für Fotofreunde könnten die einmaligen Bilder des Fotografen Hoang The Nhiem von Interesse sein, der insbesondere vietnamesische Motive ablichtet – sowohl in Farbe wie auch in Schwarz-Weiß.

Zur richtigen Zeit am richtigen Ort

In Vietnam gibt es eine Vielzahl von **Feiertagen,** die entweder einen **religiösen** oder aber einen **national-politischen Hintergrund** besitzen. Aus europäischer Sicht ist die Terminierung nicht immer ganz nachvollziehbar, da sich das Datum teils am **chinesischen Mondkalender,** teils an dem uns geläufigen **gregorianischen Kalender** orientiert. Insgesamt werden 19 Ereignisse offiziell zelebriert, die in Vietnam jedoch nur zu neun freien Arbeitstagen führen. Dabei gilt aber immerhin eine ausgesprochen **arbeitnehmerfreundliche Regel:** Fällt ein staatlicher Feiertag auf ein Wochenende, wird der freie Tag auf den darauf folgenden Montag verschoben.

▷ *An religiösen Feiertagen zünden viele Vietnamesen Räucherwerk an*

Januar bis Mai

> **Tet Nguyen Dan (Neujahr):** Das neue Jahr wird mit dem Tet-Fest (s. S. 48) eingeläutet, auch vietnamesisches Neujahr genannt. Offiziell sind rund um das Fest vier Tage frei. Die Feierlichkeiten beginnen am letzten Tag des zwölften Mondmonats und werden bis zum dritten bis fünften Tag des ersten Mondmonats begangen. Nach dem gregorianischen Kalender fällt Tet somit in die Zeit zwischen **Ende Januar und Ende Februar** (2015: 17.–21. Feb., 2016: 7.–10. Feb.).
> **Saigon Cyclo Challenge:** Alljährlich **Anfang März** treten verschiedene Teams zu einem eintägigen Wettrennen mit Cyclos (Fahrrad-Rikschas, s. S. 127) an. Von internationalen und lokalen Wirtschaftsunternehmen gefördert, wird im sportlichen Rahmen Geld für Kinder- und Jugendprojekte gesammelt. Mehr Infos unter www.saigonchildren.com (Menüpunkt „Events").
> **Fest der Hung-Könige:** Am 10. Tag des dritten Mondmonats ehren die Vietnamesen die mythischen Schöpfer ihres Volkes. Als legendärer Urvater gilt König Kinh Duong, Begründer der Hong-Bang-Dynastie, die über 2500 Jahre lang die Geschicke des Volkes steuerten. Ethnologen bezeichnen die Ethnie der Vietnamesen, in Anlehnung an den ersten König, auch als Kinh-Volk. Nach westlichem Kalendarium liegt das Datum **Mitte/Ende April** (2014: 9. Apr., 2015: 28. Apr., 2016: 16. Apr.).
> **Wiedervereinigungs- und Befreiungstag (30. April):** Was den Deutschen der 3. Oktober, ist den Vietnamesen der 30. April. An diesem Tag im Jahr 1975 wurde Saigon von den nordvietnamesischen Truppen eingenommen und der 30-jährige Indochinakonflikt (s. S. 82) kam zu einem Ende. Das wird alljährlich mit Feuerwerk an wechselnden Orten, aufwendigen Lichtinstallationen, Konzerten und öffentlichen Ausstellungen begangen. Viele Saigoner verreisen oder besuchen ihre Familien auf dem Land.
> **Tag der Arbeit (1. Mai):** Selbstverständlich wird auch der internationale Tag der Arbeit begangen. Besonders praktisch: So verlängern sich zugleich die Miniferien nach dem Befreiungstag.

Vietnamesische Feiertage

Nach dem gregorianischen Kalender (feste Feiertage):
- 3. Feb.: **Gründungstag der Kommunistischen Partei Vietnams**
- 8. März: **Internationaler Frauentag**
- 7. Mai: **Sieg über Frankreich in Dien Bien Phu** (1954, s. S. 56)
- 19. Mai: **Geburtstag von Ho Chi Minh** (s. S. 68)
- 1. Juni: **Internationaler Kindertag**
- 28. Juni: **Tag der Familie**
- 27. Juli: **Tag der Kriegsinvaliden und Märtyrer**
- 19. Aug.: **Gedenktag der Augustrevolution**
- 10. Okt.: **Tag der Befreiung Hanois von den Franzosen**
- 20. Okt.: **Tag der vietnamesischen Frau**
- 20. Nov.: **Tag der Lehrer**
- 22. Dez.: **Tag der vietnamesischen Volksarmee**

Nach dem Mondkalender (bewegliche Feiertage):
- 15. Tag des 1. Monats: **Laternenfest** (*Tet Thuong Nguyen* oder *Tet Nguyen Tieu*; offizielles Tet-Ende, immer 14 Tage nach Tet)
- 15. Tag des 4. Monats: **Buddhas Geburtstag** (*Phat Dan*; 2014: 14. Mai, 2015: 4. Mai)
- 5. Tag des 5. Monats: **Mittjahresfest** (*Tet Doan Ngo*; 2014: 2. Juni, 2015: 20. Juni)
- 15. Tag des 7. Monats: **Geisterfest** (*Vu-lan*; 2014: 10. Aug., 2015: 28. Aug.)
- 23. Tag des 12. Monats: **Fest des Küchengotts** (*Ong Tao*; immer sieben Tage vor Tet)

▽ *Wiedervereinigungstag (s. S. 45): der Fall Saigons am 30. April 1975*

Juni bis Dezember

> **Tet Trung Thu (Mittherbstfest):** Selbst wenn das Fest der Herbstmitte, auch Halbjahres-Tet genannt, kein offizieller Feiertag ist, wird es besonders von Kindern großzügig zelebriert. Am 15. Tag des achten Mondmonats laufen sie mit leuchtenden Laternen durch die Straßen. Damit wollen sie Thang Cuoi, der wegen seiner vielen Lügen auf den Mond verbannt wurde, den Weg zurück zur Erde weisen. Das bekannteste Symbol des Mittherbstfestes ist der Mondkuchen *(banh trung thu)*, der landesweit überall zum Kauf angeboten wird. Damit beschenkt man seine Familie, Freunde und eigentlich fast jeden. Es gibt zwei Sorten, die sich farblich und geschmacklich unterscheiden, bei beiden jedoch wird Klebreis als Basis verwendet: Die weißen Kuchen *(banh deo)* haben eine süße Füllung, während die braunen *(banh nuong)* eher herzhaft gefüllt sind. Das Trung-Thu-Fest wird **Mitte/Ende September** gefeiert (2014: 8. Sept., 2015: 27. Sept.).
> **Nationalfeiertag (2. Sept.):** In Erinnerung an die Unabhängigkeit, die Ho Chi Minh (s. S. 68) am 2. Sept. 1945 feierlich in Hanoi verkündete, bleiben an diesem Tag die Büros und Fabriken geschlossen. Alljährlich werden Tausende Gefängnisinsassen begnadigt.
> **Weihnachten (24.–26. Dez.):** Obwohl nur eine Minderheit dem christlichen Glauben folgt, kann man dem „Fest der Feste" auch in Saigon kaum aus dem Weg gehen. Bereits Wochen vorher wird das kommerzielle Zentrum der Stadt mit Weihnachtsbäumen, Weihnachtsmännern und viel Kunstschnee in den Schaufenstern aufgehübscht. Weihnachten wird also wenig religiös, sondern eher als Konsumfest begangen. Weilt man am Abend des 24. Dez. im Stadtzentrum, sollte man sich den Besuch der Hauptachse Le Loi [E/F5] und der angrenzenden Hauptstraßen nicht entgehen lassen: Es herrscht ein heilloses, spektakulär-amüsantes Verkehrschaos, das sich wunderbar entspannt vom Trottoir aus beobachten lässt.
> **Silvester und Neujahr (31. Dez./1. Jan.):** Obwohl die Vietnamesen Silvester durchaus kennen und teilweise auch mitfeiern, ist es maximal ein Aufwärmen für das Tet-Fest (s. S. 48) einige Wochen später. Die Europäer und Amerikaner in Saigon treffen sich aber gern in einschlägigen Expat-Kneipen und stoßen um Mitternacht gemeinsam an. Der 1. Jan. ist offizieller Feiertag.

An Weihnachten schmückt ein Baum das Central Post Office ❿

Das Tet-Fest (Tet Nguyen Dan)

In China und weiteren vom Reich der Mitte beeinflussten Staaten ist der Zeitpunkt von Feiertagen abhängig von der **Mond-Erde-Konstellation** und somit **variabel**, ähnlich wie bei uns Ostern. Die Termine werden anhand des **Mondkalenders** bestimmt. So auch in Vietnam. Die mit Abstand bedeutendste Feierlichkeit des Jahres, das **Neujahrsfest Tet,** fällt dabei immer in das Zeitfenster zwischen **Ende Januar und Ende Februar.**

Tet wirft seine Schatten weit voraus. Schon Wochen vor dem Neujahrsfest werden **Vorbereitungen** getroffen; die Vietnamesen putzen akribisch ihr Haus und verschönern es mit Dekoration. Spezielle **Neujahrsspeisen,** deren Zubereitung häufig mehrere Tage in Anspruch nimmt, dominieren die Arbeit in der Küche. Die Menschen **zahlen ihre Schulden zurück,** um einen soliden Start in das neue Jahr zu gewährleisten. Sie kleiden ihre Kinder neu ein, damit sie optisch vor der Verwandtschaft glänzen können. Unglaubliche Mengen an Nahrungsmitteln werden eingekauft, damit über die Feiertage, an denen **99 % aller Geschäfte geschlossen** haben, kein Familienmitglied etwas entbehren muss.

Vergleicht man Tet mit westlichen Bräuchen und Festen, dann ist es ungefähr so wichtig wie Weihnachten und Silvester zusammen. Deshalb trifft sich auch die gesamte Familie. Während der letzten Tage vor dem Tet-Fest sind alle **öffentlichen Verkehrsmittel überfüllt.** Vietnam Airlines setzt zum Jahreswechsel die gesamte verfügbare Flugzeugflotte ein und trotzdem sind die **Flüge schon Monate vorher ausgebucht** – und das bei besonders happigen Preisen.

Am **Neujahrsabend** gedenken die Vietnamesen ihrer Ahnen und bestücken die **Familienaltäre** mit frischer Dekoration und üppigen Gaben. Sie verbringen den **Neujahrstag** im engen Familienkreis; die Kinder werden von den Erwachsenen mit **Geldumschlägen** beschenkt. An den folgenden Tagen trifft man sich mit Freunden und entfernteren Verwandten. Das ist auch die Zeit, in der die größeren Städte wieder zum Leben erwachen. Vorher sind sie fast wie ausgestorben: kaum Mopedverkehr, geschlossene Geschäfte und entvölkerte Straßen.

Analog zu den **chinesischen Sternzeichen,** die nach zwölf Tieren benannt sind, sind auch die Jahre nach dem Mondkalender einem Tierkreiszeichen zugeordnet. Jedem Tier werden wiederum besonderen Eigenschaften zugeschrieben. In den kommenden Jahren erwarten uns die folgenden:

> **2014 (Beginn: 31. Jan.):**
> Jahr des Pferdes
> **2015 (Beginn: 19. Feb.):**
> Jahr der Ziege/des Schafes
> (abhängig von der Übersetzung)
> **2016 (Beginn: 8. Feb.):**
> Jahr des Affen

Am Puls der Stadt

Das Antlitz der Metropole

Eine Megacity, umgeben von Grün

Die meisten Besucher kommen **auf dem Luftweg** nach Ho-Chi-Minh-Stadt, abgekürzt HCMC (Infos zur Namensgebung: s. S. 9). Der Blick aus dem Flugzeugfenster ist dann auch die einzige Möglichkeit, die Dimensionen dieser gigantischen Metropole, der **größten Stadt Vietnams**, halbwegs überblicken zu können. Umgeben ist Saigon von ländlichen, agrarisch genutzten Flächen im Westen und Norden und dem fruchtbaren Grün des Mekongdeltas im Süden. Auf den drei Dutzend Kilometern zwischen der Stadt und dem Südchinesischen Meer im Südosten erstreckt sich eine fast undurchdringliche **Mangroven-Wasserlandschaft**. Und mittendrin liegt Ho-Chi-Minh-Stadt, einem UFO gleich, das gerade gelandet

◁ *Vorseite: Zeitungslektüre als Zeitvertreib eines Cyclo-Fahrers (S. 127)*

ist: Das knapp 2100 km² große Stadtgebiet ist administrativ in **19 Distrikte** *(Quan)* und **fünf Landkreise** *(Huyen)* eingeteilt. Nach offiziellen Berechnungen nennen 7,8 Mio. Menschen HCMC ihre Heimat, doch die wahre Einwohnerzahl dürfte deutlich darüber liegen. In der Hoffnung auf höhere Einkünfte und ein besseres Leben sind viele Menschen in die Metropole gezogen und haben sich halblegal hier niedergelassen. Registriert oder angemeldet hat sich von diesen Glückssuchern kaum einer. Deshalb gehen die Schätzungen der Stadtverwaltung auch von mindestens neun, **vielleicht sogar zehn Millionen Einwohnern** aus.

Der wirtschaftliche Motor Vietnams

Verlässt der neugierige Besucher nach der Landung das Flughafenterminal, wird er von den ersten Eindrücken fast erschlagen, wozu das **feucht-heiße Klima** sein Übriges bei-

Am Puls der Stadt

Das Antlitz der Metropole

trägt. Diese Stadt vibriert geradezu vor Energie, Kraft und Vitalität. Das **Millionenheer von Mopeds** bewegt sich ausschließlich im roten Bereich des Drehzahlmessers und wenn die stolzen Saigoner ihre Hondas und Vespas mit Super Plus betanken, so könnte man glauben, dass sie heimlich selbst einen Schluck davon nähmen.

Optimismus und Zuversicht sind in Saigon eine Weltanschauung, die niemand anzweifelt. Alles scheint hier denkbar und die Bewohner machen auch fast alles möglich – wenn auch nicht unbedingt gut strukturiert und durchorganisiert, sondern eher nach dem Motto „Irgendwie bekommen wir das schon hin". Oft genug wird das Provisorium zur regulären Institution. Diese zuversichtliche, **dauerhafte Aufbruchstimmung** spiegelt sich auch in den ökonomischen Eckdaten wider: **20 % der vietnamesischen Wirtschaftsleistung** wird hier erbracht. Vietnams Industrieproduktion wird zu 25 % in Ho-Chi-Minh-Stadt erwirtschaftet und das Gros der ausländischen Investitionen fließt in die 20 im Stadtgebiet ausgewiesenen Export- und Industriezonen. Allein im ersten Quartal 2013 wurden 78 neue Projekte ausländischer Investoren genehmigt. Mit Ausnahme der Finanzkrisenjahre nach der Lehman-Brothers-Pleite 2008 waren die **jährlichen Wachstumsraten** nach der Jahrtausendwende **immer zweistellig**. Dieser mächtige Wirtschaftsmotor wird von 10 % der vietnamesischen Bevölkerung auf nur 0,6 % des Landesterritoriums angetrieben.

◁ *Boomtown HCMC: die Hochhäuser sprießen nur so aus dem Boden*

KURZ & KNAPP

Saigon in Zahlen
› Gegründet: 1698
› Fläche: 2096 km²
› Einwohner: 7,8 Mio.
› Anzahl der Mopeds: ca. 5,7 Mio.
› Bevölkerungsdichte: 3666 Einw./km²
› Höhe ü. M.: 19 m

Die Sanierung der Kanäle – ein Vorzeigeprojekt

Der ökonomische Boom hat natürlich immense Auswirkungen auf die **Stadtentwicklung**, die nicht nur positiv sind. An der Peripherie der Stadt sind in den letzten 20 Jahren **gigantische Industriegebiete** entstanden. Kilometerweit reiht sich Fabrikhalle an Fabrikhalle – das mag ökonomisch sinnvoll sein, macht die Vororte aber auch monoton und unattraktiv. Bei Schichtbeginn und -ende sind die Zufahrtsstraßen von den Mopeds und Fahrrädern der Arbeiter überfüllt. Durch die **Versiegelung der Bodenfläche** kann das Wasser in der Regenzeit nicht mehr versickern; bei besonders starken Regenfällen stehen ganze Vorstädte 30–40 cm tief unter Wasser.

Gleichzeitig freut sich der Stadtkämmerer über den wirtschaftlichen Erfolg, da die **üppig fließenden Steuergelder** den finanziellen Bewegungsspielraum deutlich erweitern. Neben Großinvestitionen im Verkehrssektor (s. Verkehrschaos und mögliche Auswege S. 57) werden seit 2002 – ganz nach dem Motto „Unsere Stadt soll schöner werden" – die **Kanäle Saigons** im großen Rahmen **grundsaniert**.

Bis Anfang dieses Jahrhunderts waren diese nichts anderes als stinkende, vermüllte Kloaken. An heißen

Am Puls der Stadt
Das Antlitz der Metropole

Sommertagen konnte man sich ihnen ohne Nasenklammer kaum nähern. Die Ufer waren kreuz und quer mit **Holz- und Wellblechhütten** der einfachen Tagelöhner bebaut. Die hygienischen Verhältnisse waren absolut anachronistisch und die Bewohner, insbesondere die Kinder, erkrankten regelmäßig, da die Kanalbrühe ein Infektions- und giftherd erster Güte war. Die Hoffnungslosigkeit der Situation zeigte sich auch in den ersten Lösungsansätzen: Experten schlugen zunächst vor, die Kanäle mit Betonhüllen zu ummanteln, da eine Sanierung unmöglich sei. Trotzdem wagte man mithilfe ausländischer Experten – und ohne die radikale Betonlösung – den großen Wurf: Unterirdische Kanalisationsrohre wurden über viele Kilometer neu erbaut, Klärsysteme dazwischengeschaltet und die alten Kanäle ausgebaggert und gereinigt. Allein aus einem Kanal in Distrikt 3 wurde über 1 Mio. m³ **Schlamm und Unrat entfernt.** Man gestaltete die Uferbereiche neu, versah sie mit Fußwegen und bepflanzte sie. Im Mai 2013 waren die zentralen Kanäle im Bereich der innerstädtischen Distrikte bereits wieder so sauber, dass die Stadtverwaltung **200.000 Fische** aussetzen ließ. Die Kraftanstrengung hat sich also ausgezahlt: Aus den kilometerlangen Schandflecken wurden **Vorzeigeareale**, die sicherlich in den kommenden Jahren noch durch gastronomische Ansiedlung an Anziehungskraft gewinnen werden.

Die Saigoner und ihre Stadt

Genauso wenig wie es den typischen Berliner, New Yorker oder Wiener gibt, so wenig gibt es auch den Saigoner. Trotzdem trifft man auf gewisse Charakterzüge häufiger als in anderen Regionen des Landes. **Offenheit** gegenüber Unbekanntem und Unbekannten ist sicherlich eine der Kardinaltugenden der Stadtbewohner. Die **Jahrzehnte des ausländischen Einflusses**, ob durch Franzosen, Amerikaner oder internationale Kontakte aus Handel und Seefahrt, haben HCMC geprägt. Man begegnet dem

Das Antlitz der Metropole

fremden Besucher grundsätzlich freimütig, was mit einer natürlichen Neugier, aber vermutlich auch mit dem Hintergedanken des Geschäftemachens zusammenhängt. Aber selbst beim Business geht es meist lockerer und entspannter zu als etwa in Hanoi. Man lacht, scherzt und ist selten griesgrämig, selbst wenn der potenzielle Kunde am Ende doch nichts kauft.

Das **„kommerzielle Gen" der Saigoner** wirkt auf ausländische Besucher mitunter etwas anstrengend, denn die konstante Hyperaktivität scheint das touristische Bedürfnis nach Müßiggang zu konterkarieren. Doch ist die Arbeit einmal getan, steht die **Geselligkeit** ganz hoch im Kurs. Allabendlich füllen sich die gastronomischen Stätten der Stadt bis zum letzten Platz, man trifft sich mit Freunden, tauscht sich aus und trinkt sein Bier. In anderen Städten des Landes ist das weniger ausgeprägt – dort zieht man sich eher in den Schoß der Familie zurück.

Geeint sind die Saigoner auch in ihrem **Lokalpatriotismus** und der felsenfesten Überzeugung, in der bedeutendsten Stadt des Landes zu leben, auch wenn sich Hanoi offiziell Hauptstadt nennt: „Die in Hanoi schreiben Gedichte oder Gesetze, wir die Rechnungen".

▷ *Typisch Saigon: die Dynamik des Handels offenbart sich überall*

◁ *Eine Trennung von Gewerbe- und Wohngebiet existiert nur auf dem Papier: die mächtigen Frachter fahren fast bis ins Wohnzimmer*

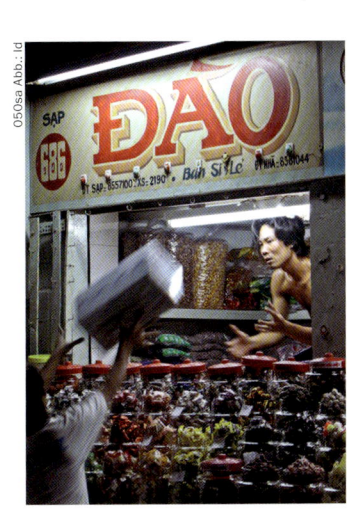

KURZ & KNAPP

Orientierung vor Ort: das Geheimnis der „Hem"

Sich mit einem Stadtplan in HCMC zurechtzufinden, ist keine Hexerei. Wie in weiten Teilen der Welt besteht die ordnende Struktur aus dem **Stadtbezirk** (z. B. Distrikt 1, auf Vietnamesisch *Quan* 1), manchmal noch aus dem **Viertel** (z. B. *Phuong* 14), sowie dem **Straßennamen** und der **Hausnummer.** Wer die großen Straßen verlässt, wird schnell feststellen, dass sich zwischen den mit dem Auto befahrbaren Verkehrsachsen viele winzige Gassen schlängeln. Diese **Gassen** heißen „**Hem**". Aber wie finde ich nun die gesuchte *Hem?* Namensgebend sind immer die Hauptstraße und die Hausnummer des Hauses, an dem die *Hem* abzweigt. Die Adresse „Hem 150/8 Nguyen Trai" (kann auch ohne *Hem* geschrieben werden) bedeutet also: das Haus Nummer 8 in der Hem, die bei Hausnummer 150 von der Straße Nguyen Trai abgeht. Ganz einfach also!

Von den Anfängen bis zur Gegenwart

Nach europäischen Maßstäben ist das einstige Saigon, die heutige Ho-Chi-Minh-Stadt, eine junge Metropole. Aus dem kleinen Khmer-Dorf wurde erst unter französischer Ägide eine lebendige Großstadt, die sich in der jüngsten, vietnamesisch geprägten Vergangenheit zum Wirtschaftsmotor eines 90-Millionen-Staates mauserte. Aber der Reihe nach:

Um das Jahr 300: Im morastigen Uferbereich des Saigon-Flusses lassen sich Fischerfamilien nieder und gründen eine erste Ansiedlung. Die Stadtgründer sind Angehörige eines Khmer-Stammes. Die kleine Ortschaft erhält in den kommenden Jahrhunderten – wann genau, ist unklar – den Namen Prei Nokor, was auf Deutsch soviel wie „Stadt im Kapokbaumwald" bedeutet.

Bis ca. 1600: Während unterschiedliche Khmer-Reiche wie Funan, Chenla oder Angkor aufsteigen und wieder untergehen, kann sich Prei Nokor als kambodschanische Hafenstadt behaupten. Das Land rund um den Saigon-Fluss, wie auch das gesamte Mekongdelta, verbleibt traditionelles Siedlungsgebiet der Khmer. Das Volk der Viet (auch Kinh-Volk genannt), dessen Wurzeln im nördlichen Vietnam rund um den Roten Fluss liegen, dehnt sein Herrschaftsgebiet ab dem Mittelalter aus. Da sich nördlich des Roten Flusses das Imperium des übermächtigen chinesischen Erzfeindes befindet, expandieren sie in südlicher Richtung. Nach dem finalen Sieg über das in Zentralvietnam gelegene Champa-Reich streckt man die Hände gen Mekongdelta aus.

1623: Nachdem er eine seiner Töchter mit dem kambodschanischen König verheiratet hat, erhält der Viet-Fürst Nguyen Phuc Nguyen die Erlaubnis, in Prei Nokor Steuern einzutreiben.

Um 1650: Nach dem Zusammenbruch der Ming-Dynastie in Peking (1644) fliehen viele Chinesen vor den neuen Herrschern Richtung Süden. Sie gründen mit Cholon (S. 86), nur wenige Kilometer von Prei Nokor entfernt, ihren eigenen Handelsplatz.

1698: Das Herrscherhaus der Nguyen entsendet offiziell einen Gefolgsmann nach Prei Nokor und übernimmt so die Geschicke der Stadt. Deshalb gilt dieses Jahr als Gründungszeitpunkt des vietnamesischen Saigon. Die Etymologie des Namens ist jedoch nicht eindeutig. Möglichweise ist der neue Name die vietnamesische Übersetzung des alten Khmer-Namens.

18. Jh.: In den Anfangsjahrzehnten gedeiht und wächst Saigon. Doch Unruhen und Bürgerkriege, insbesondere die Tay-Son-Rebellion (1771–1802), führen einerseits zu einer Stagnation der Stadtentwicklung, andererseits zum Ausbau Saigons als militärische Bastion der Nguyen-Herrscher.

1802: Der Prinz Nguyen Phuc Anh (1762–1820) geht als Sieger aus dem Bürgerkrieg hervor und eint das zerstrittene Land unter dem Namen Viet Nam. Er lässt sich als Gia Long zum Kaiser krönen und begründet die Nguyen-Dynastie. Bis 1945 werden sie sich auf dem Thron behaupten und insgesamt zwölf Kaiser stellen. Hue wird Hauptstadt, während Saigon zum Verwaltungszentrum des Südens ernannt wird.

1802–1862: Schon bei der Niederschlagung der Tay-Son-Rebellion hat Frankreich den späteren Kaiser Gia Long militärisch unterstützt und versucht nun, handfeste ökonomische und militärische Vorteile daraus zu ziehen. Doch Gia Longs Nachfolger sind teilweise antiwestlich eingestellt; es kommt immer wieder zu Auseinandersetzungen. Ein

Am Puls der Stadt
Von den Anfängen bis zur Gegenwart

besonderer Reibungspunkt sind die Missionierungsversuche christlicher Priester und Mönche. Von Frankreich werden die Hinrichtungen französischer Geistlicher wiederholt zum Anlass für militärische Strafexpeditionen genommen.

1859: Die französische Kriegsmarine erobert Saigon. Drei Jahre später wird der Status quo im Vertrag von Saigon festgeschrieben: Frankreich errichtet die Kolonie Cochinchina, deren Areal etwa dem heutigen Südvietnam entspricht. Saigon wird Hauptstadt des neuen Kolonialreiches.

1887: Zwischen der ersten Okkupation Saigons und der Gründung der Kolonie Französisch-Indochina vergehen weniger als drei Jahrzehnte. Stück für Stück dringt die Grande Nation gen Norden vor, unterwirft den Kaiser in Hue und erklärt sich 1887 zum Verwalter und Herrscher des Landes. Formal besetzen die Nguyen-Kaiser weiterhin den Thron, die wichtigen Entscheidungen trifft jedoch der von Paris entsandte Generalgouverneur.

1887–1941: Die Herrschaft Frankreichs spiegelt sich in allen Lebensbereichen wider: in Verwaltung, Wirtschaft und Militär. Französische Siedler lassen sich in Indochina nieder und häufen durch Reisexport und Kautschukplantagen enorme Reichtümer an. Das Gros der Vietnamesen leidet unter den massiven Steuern, die sich im Vergleich zu vorkolonialen Zeiten mehr als verzehnfachen. Vietnamesische Aufstände gegen Unterdrückung und Zwangsarbeit werden brutal niedergeschlagen und die Schergen des Kolonialregimes dürfen Regierungsgegner ohne jegliche Rechtsprechung exekutieren. Die andere Seite der Medaille ist die Saigoner Stadtentwicklung. Die Franzosen investieren viel Geld und europäisches Know-how, um Saigon in die repräsentative Hauptstadt Indochinas zu verwandeln. Wasserwege und Kanäle werden trockengelegt, breite, mit Bäumen bestandene Verkehrsachsen geben der Stadt ein europäisches Antlitz und die steinerne Kolonialarchitektur bezeugt die Bedeutung Saigons. Bereits in den späten 1880er-Jahren überschreitet die Einwohnerzahl die 100.000-Grenze.

1931: Saigon erfährt, administrativ bedingt, einen zusätzlichen Wachstumsschub: Die Nachbarstädte Cholon und Saigon werden zusammengelegt. Die Stadt erhält den Namen Saigon-Cholon; der zweite Namensbestandteil wird jedoch wenig später gestrichen.

1941–1945: Im Kontext der japanischen Militärexpansion okkupieren japanische Divisionen Französisch-Indochina. Die französische Kolonialverwaltung kollaboriert und wird von den Japanern im Amt belassen. Die doppelte Ausbeutung Vietnams durch de facto zwei Besatzer hat verheerende Konsequenzen: Die Beschlagnahmung großer Teile der Reisernte führt 1944/45 zu einer grausamen Hungersnot, der schätzungsweise über 1 Mio. Vietnamesen zum Opfer fallen.

1945: Nach der japanischen Kapitulation kommt es im Süden zu einem kurzen britischen und im Norden zu einem national-chinesischen Besatzungs-Intermezzo. Die Unabhängigkeitskämpfer, die kommunistischen Viet Minh unter Ho Chi Minh (1890–1969, s. S. 68), haben zwar in Hanoi die Unabhängigkeit ausgerufen, doch davon lassen sich die alten Kolonialherren nicht beeindrucken und kehren im Herbst 1945 nach Vietnam zurück. Der Hochkommissar für Indochina, Admiral Thierry d'Argenlieu (1889–1964), zieht in Saigon erneut in den Gouverneurspalast.

1946–1954: Erster Indochinakrieg. Nach anfänglichen Zugeständnissen von französischer Seite, die jedoch nie wirklich umgesetzt werden, bricht ein offener Krieg zwischen Rebellen und Besatzern aus. Trotz finanzieller Rückendeckung

Am Puls der Stadt
Von den Anfängen bis zur Gegenwart

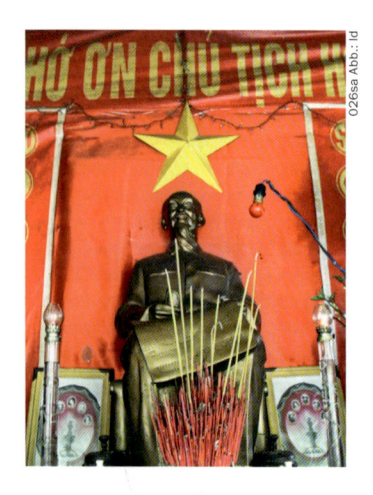

der USA und massivem Militäreinsatz geraten die Franzosen mehr und mehr in die Defensive.

März–Mai 1954: Der verzweifelte Versuch, die Viet Minh in Dien Bien Phu zu einer Entscheidungsschlacht zu zwingen, gelingt, allerdings anders als von den Franzosen geplant: Die Rebellen kesseln die Franzosen in der schwer zugänglichen Bergregion ein. Nach zweimonatiger Belagerung hissen die Franzosen die weiße Flagge. Wenig später verlassen die letzten von ihnen Vietnam. Da das Gros der französisch-vietnamesischen Kämpfe im Norden stattgefunden hat, bleibt Saigon weitgehend unbeschädigt.

April–Juli 1954: Nach der Genfer Indochinakonferenz 1954 wird das Land temporär geteilt. Hanoi und Saigon werden die jeweiligen Hauptstädte von Nord- und Südvietnam. Saigon wird mit dem wachsenden Engagement der USA mehr und mehr zu einer amerikanischen Militärbasis.

Ehrerbietungen an „Onkel Ho" (Ho Chi Minh, s. S. 68) entdeckt man nahezu an jeder Straßenecke

1955–1975: Vietnamkrieg bzw. Zweiter Indochinakrieg (s. S. 82). 1965 landen US-amerikanische Bodentruppen in Vietnam. Die militärische Infrastruktur sprießt insbesondere an der Peripherie Saigons aus dem Boden und der Flughafen Than Son Nhat vermeldet in dieser Zeit die meisten Flugbewegungen aller Flughäfen weltweit. Massive Bombardierungen durch die US-Luftwaffe und eine rücksichtslose Kriegsführung auf beiden Seiten führen zu einer Eskalation, die am Ende zwischen 2,5–4 Mio. Vietnamesen das Leben kostet. Die chemische Kriegsführung der USA, die die gegnerischen Vietcong mit dioxinhaltigen Entlaubungsmitteln in die Knie zwingen wollen, führt dazu, dass bis heute alljährlich Hunderte Babys mit körperlichen Missbildungen geboren werden.

1973: Die US-amerikanischen Truppen ziehen aus Südvietnam ab.

29./30. April 1975: Die Amerikaner evakuieren während der Operation „Frequent Wind" (s. S. 78) in aller Eile US-Personal, Ausländer und vietnamesische Flüchtlinge über Flugzeugträger vor der Küste.

30. April 1975: Panzer der nordvietnamesischen Armee durchbrechen das Tor des Präsidentenpalasts (dem heutigen Wiedervereinigungspalast ⓬): Nach fast 30 Jahren endet der Indochinakonflikt (s. S. 82) in Saigon.

1976: Das geteilte Land wird offiziell vereinigt und Saigon verliert seinen Namen. Zur Ehrung des großen Revolutionsführers wird die Metropole in Ho-Chi-Minh-Stadt umbenannt. Hintergrundinfos zu den verschiedenen Namen: s. S. 9.

1976–1986: In HCMC werden viele vormalige Anhänger des südvietnamesischen Regimes in politische Umerziehungslager gesteckt. Die sozialistische Planwirtschaft und die umfangreichen Einschränkungen des privaten Warenaustauschs führen fast zu einem wirtschaftlichen

Am Puls der Stadt

Verkehrschaos und mögliche Auswege

Kollaps des Landes, die Räder der „ökonomischen Hauptstadt Vietnams" stehen still. Nicht wenige Saigoner wenden ihrer Heimatstadt den Rücken zu und versuchen, der Misere als Boatpeople zu entkommen.

1986: Die Doi-Moi-Reformen („Doi Moi" heißt „Erneuerung") der kommunistischen Regierung in Hanoi sorgen für einen neuen Kurs: Die sozialistische Planwirtschaft wird durch die sozialistische Marktwirtschaft ersetzt.

1986–heute: Seit fast drei Jahrzehnten boomt HCMC. Weltweit dürfte es nur wenige Städte geben, die innerhalb so kurzer Zeit eine so umfassende Metamorphose durchlaufen. Aus einer schläfrigen Großstadt wird ein ökonomischer Kraftprotz, die offizielle Einwohnerzahl verdreifacht sich fast von 2,8 Mio. (1986) auf 7,8 Mio. (2013). Der Aufschwung spiegelt sich sowohl in den Lebensbedingungen der Einwohner als auch im Stadtbild wider. Gläserne Wolkenkratzer recken sich gen Himmel, eine moderne Infrastruktur entsteht.

2011: Der Autotunnel unter dem Saigon-Fluss wird eröffnet.

2014: Nach sieben Jahren Bauzeit soll im Laufe des Jahres das zweithöchste Gebäude der Stadt, der Saigon One Tower, eröffnen. Der 42 Stockwerke und 195 m zählende Wolkenkratzer liegt nur 150 m neben dem Bitexco Financial Tower ❹, dem derzeit höchsten Gebäude Saigons.

Verkehrschaos und mögliche Auswege

Mit offiziell knapp 8 Mio. Einwohnern (inoffiziell wird von bis zu 10 Mio. ausgegangen) und **5,7 Mio. registrierten Mopeds** (plus die nicht registrierten) ist das ehemalige Saigon eine Megametropole, wie es weltweit nur wenige gibt. So ist es auch wenig verwunderlich, dass die **Verkehrsdichte** Dimensionen annimmt, die alles in Europa Vorstellbare sprengt – insbesondere im **Berufsverkehr.** Ein kontinuierlicher Strom an Zweirädern wälzt sich morgens in das Stadtzentrum hinein und abends wieder hinaus. Und zwischendrin nimmt das Chaos kaum ab.

Da **Pkw in Vietnam** einer sehr hohen Besteuerung unterliegen, liegt ihr Anteil am Verkehrsaufkommen im niedrigen, einstelligen Prozentbereich. Ein Auto hat in Vietnam grundsätzlich eher Statuscharakter statt einen echten praktischen Nutzen; mit dem Zweirad ist man deutlich flotter unterwegs.

Trotzdem sind die **Transportzeiten** innerhalb der Stadt gänzlich inakzeptabel, wenn man beispielsweise bei hohem Verkehrsaufkommen für die acht Kilometer vom Flughafen in die Stadt ganze 45 Minuten benötigt. Dabei bleiben ökologische Faktoren wie **Lärm- oder Luftbelastung** noch unberücksichtigt.

Von Seiten der Regierung und der Stadtverwaltung wurden in den letzten Jahren diverse Versuche unternommen, das Verkehrsaufkommen zu senken. Eine Begrenzung der Mopedanzahl innerhalb der Stadt musste nach vehementen Bürgerprotesten zurückgenommen werden und auch das Projekt einer „Innenstadtabgabe" für alle Vehikel scheiterte. Stattdessen wurden große **Brückenprojekte,** **Hochstraßen** und der zentrale **Tunnel unter dem Saigon-Fluss** in Auftrag gegeben und größtenteils inzwischen auch fertiggestellt. Eine leichte Entlastung wurde dadurch spürbar, aber

Am Puls der Stadt
Verkehrschaos und mögliche Auswege

der immense jährliche **Zuzug von Neu-Saigonern** verschärft die Situation noch weiter.

Sollten sie wirklich umgesetzt werden, könnten die aktuell angedachten Lösungen jedoch nachhaltig helfen: **Neue Vororte** sind geplant und die Ansiedlung von weiteren **Büro- und Shoppingkomplexen** in Distrikt 1 soll begrenzt werden, um neuen Verkehr erst gar nicht entstehen zu lassen. Wer jedoch die rasante Bauaktivität im Stadtzentrum beobachtet, zweifelt an der realen Umsetzung dieser Ideen. Die **kommerziellen Interessen** besiegen die **städteplanerischen Ideale** immer wieder aufs Neue.

Der letzte Trumpf im Ärmel der Verkehrsexperten ist der exponentielle **Ausbau des öffentlichen Personennahverkehrs.** Da die Stadt aber so dicht bebaut ist, entfallen sowohl neue Busspuren als auch ein überirdisches Schienensystem. Es kann realistisch nur **unter der Erde expandiert** werden. Seit einigen Jahren liegen Pläne auf dem Tisch, die inzwischen von Regierungsseite weitestgehend abgesegnet wurden. Sie sehen ein **Metro-Netz** von über 100 km Länge mit sechs Linien vor. 2012 wurden die Bauarbeiten an der Linie 1 offiziell begonnen, der Startschuss für Linie 2 soll im Laufe des Jahres 2014 fallen und für die Linie 5 wurde die Finanzierung im Herbst 2013 gesichert. 2018 sollen die ersten Passagiere mit den Zügen der Linie 1 reisen können. Wegen der Nähe zum Südchinesischen Meer und aufgrund des Saigon-Flusses mitten in der Stadt ist der **Grundwasserspiegel** allerdings **sehr hoch**, was voraussichtlich noch zu massiven Problemen beim Bau führen wird. Der Optimismus der Saigoner hält sich deshalb auch in Grenzen: „Ich werde die Eröffnung der Metro nicht erleben", sagte kürzlich ein Stadtbewohner. Der Mann ist 47 Jahre alt und kerngesund.

△ *Das motorisierte Zweirad ist das Transportmittel der Stadt*

Saigon entdecken

Erlebenswertes im Zentrum (Distrikt 1)

In vielen asiatischen Städten, die einen unglaublich rasanten Wandel durchlaufen, verlieren nicht selten die vormaligen Stadtkerne an Bedeutung. Stattdessen entstehen in anderen Stadtteilen, die sich vor 20–30 Jahren noch an der Peripherie befanden, Subzentren. In Saigon ist das jedoch nicht so, was die touristische Erkundung deutlich vereinfacht, da sich die meisten relevanten Sehenswürdigkeiten im Herzen der Stadt befinden. Der Distrikt 1, der auch heute noch offiziell den Namen Saigon trägt, bündelt die historischen, architektonischen, kulturellen und kommerziellen Facetten dieser Millionenmetropole. Mit gutem Schuhwerk ist fast alles Interessante fußläufig erreichbar. Und auch ein Taxi innerhalb von Distrikt 1 kostet nicht die Welt.

❶ Backpackerviertel Bui Vien/Pham Ngu Lao ★★ [D6]

Die beiden parallel verlaufenden Straßen und die sie verbindenden Gassen und Fußwege bilden das Epizentrum des Backpackerviertels. In dem ausgesprochen lebendigen Areal trifft man auf viele junge oder jung gebliebene Touristen aus aller Welt.

Auch wenn einem der Trubel der typischen Touristenviertel eigentlich nicht so zusagt, sollte man einen Besuch dieser Attraktion der besonderen Art – klassische Sehenswürdigkeiten sucht man hier vergebens – nicht verpassen.

Es ist wahrlich ein **kultursoziologisches Phänomen**, das sich hier jeden Tag, und noch ausgeprägter jede Nacht, abspielt: Menschen aus aller Herren Länder, die zu Gast in Saigon sind, treffen auf engstem Raum aufeinander. Man kommt schnell ins Gespräch und trinkt zusammen ein Bier. Der verbale Austausch dreht sich oftmals um das Reiseziel Vietnam; praktische Fragen wie „Welche Route seid ihr gereist?" oder „Wo kann man am besten übernachten?" stehen ganz oben auf der Tagesordnung.

Die geschäftstüchtigen Vietnamesen haben für die Rucksackreisenden längst eine entsprechende Infrastruktur errichtet. Unzählige **Hostels** und Mini-Hotels sind in dem Areal entstanden, Dutzende von **Imbissbuden**, Restaurants und **Garküchen** am Straßenrand buhlen um hungrige Kunden, Bars und Kneipen bieten kalte Getränke feil, kleine Buden und **Kioske ohne Ladenschluss** und etliche **Souvenir- und Textilgeschäfte** reihen sich wie Perlen auf einer Schnur an den beiden Achsen Bui Vien und Pham Ngu Lao.

Besonders in den Abend- und Nachtstunden blüht das **Viertel mit Neonreklame** so richtig auf. Die Touristen flanieren in kurzen Hosen und Flipflops durch die Straßen, die zumeist im Freien gelegenen Sitzmöglichkeiten füllen sich geschwind, mitten hindurch düsen Mopeds und Taxis und **mobile Verkaufsstände** bieten ihre Ware feil. In letzter Zeit

◁ *Vorseite: Ein Straßenhändler versucht, sein Produkt an den Touristen zu bringen*

▷ *Musikalische Auszeit: Flötenstunde im Park des 23. September*

Saigon entdecken

Erlebenswertes im Zentrum (Distrikt 1)

sieht man auch mehr und mehr Einheimische: Die Saigoner sind neugierig auf ihre Besucher und wollen die „seltsamen Westler" womöglich bei ihrem bunten Treiben beobachten.

> **Ausdehnung:** zwischen Pham Ngu Lao im Norden, Bui Vien im Süden, Ton That Tung im Westen und Nguyen Thi Nghia im Osten

❷ Park des 23. September (Cong Vien 23 Thang 9) ★★ [E6]

Im Herzen der Stadt gelegen, bietet dieser lang gestreckte Park ein wenig Distanz und Ruhe vor dem wuseligen Verkehr und dem teils hyperaktiven Trubel in der Metropole. Namensgebend ist übrigens das Datum einer siegreichen Schlacht gegen die französischen Besatzer in den späten 1940er-Jahren.

In einer tropischen Metropole werden Einheimische wie Touristen magnetisch von **schattigen und luftigen Arealen** angezogen. Der zentral gelegene Park des 23. September ist ein solcher Magnet: Mit einer Länge von ca. 1 km und einer Breite von 100 m ähnelt er einem schmalen, grünen Badehandtuch, das direkt in der City ausgebreitet wurde. Erst seit den späten 1970er-Jahren, nach der Wiedervereinigung des Landes, ist das Parkareal entstanden. Jahrzehntelang befand sich hier der von den Franzosen errichtete **Gare de Saigon**, der **Hauptbahnhof** der Stadt. Heute liegt der End- bzw. Startpunkt der Bahnlinie zwischen HCMC und Hanoi knapp drei Kilometer nordwestlich des ehemaligen Standortes.

Auf **steinernen Bänken** und unter **Schatten spendenden Bäumen** kann man der heißen Sonne optimal trotzen. Zum Sonnenaufgang treffen sich die Anwohner des Parks zur **morgendlichen Frühgymnastik** und zum **Tai-Chi** (chinesisches Schattenboxen). Frühaufsteher sind als akti-

Erlebenswertes im Zentrum (Distrikt 1)

ve Teilnehmer sehr willkommen, aber auch gegen passive Zuschauer – selbst mit Fotokamera – hat niemand etwas einzuwenden. Im weiteren Tagesverlauf findet man dann oftmals **Angestellte und Arbeiter** im Park, die ihre kurzen Pausen zur kulinarischen Stärkung oder zum Rauchen unter das Blätterdach des Parks verlegen. Als westlicher Flaneur wird man im Park bestimmt Bekanntschaft mit **Englischstudenten** machen. Die „lauern" nämlich den Touristen „auf", um bei ihnen einen kleinen Small-Talk-Kurs in Englisch zu erhalten.

Gegen Abend wird es dann wieder lebendiger: So es das Wetter zulässt, beginnt um 18 Uhr am **westlichen Ende** des Parks der **allabendliche Aerobic-Kurs**, bei dem sich insbesondere die Saigoner Damen fit halten. Ein freundliches Lächeln oder sogar der eine oder andere nach oben gerichtete Daumen erwarten den Besucher, der munter mithüpft. Der ganze Spaß ist gratis, nur bei mehrmaliger Teilnahme wird ein Mini-Entgelt fällig – die **Monatskarte** kostet allerdings nur 40.000 Dong, umgerechnet ca. 2 US$. Verfehlen kann man den Standort kaum: Die wummernden Bässe erschallen weit über das Parkareal hinaus.

Wer es weniger mit poppiger Discomusik hat, dem seien die **klassischen Tanzkurse** in einem **runden, überdachten Pavillon** an der **Nordseite** des Parks ans Herz gelegt. Dort dreht man eher im Dreivierteltakt seine gemächlichen Runden. Aber auch Tango oder Salsa stehen auf dem Plan. Nach Einbruch der Dunkelheit sind kaum noch freie Bänke zu ergattern; die meisten sind von jungen vietnamesischen Pärchen belegt. Ohne elterliche Beobachtung kuschelt es sich einfach besser.

Abgerundet wird ein Abend im Park durch **mobile Imbisswagen, Bauchläden** mit einem Angebot vom Nagelknipser bis zur Sonnenbrille und die bei den Kleinen sehr populären **Luftballonverkäufer**.

› **Ausdehnung:** zwischen Le Lai im Norden und Pham Ngu Lao im Süden

❸ Cho Ben Thanh (Ben-Thanh-Markt) ★★★ [E5]

Ein spektakuläres Feuerwerk, ein musikalisch untermalter Umzug und mehr als 100.000 Zuschauer bildeten den festlichen Rahmen für die große Feier: Der Ben-Thanh-Markt öffnete im Jahr 1914 erstmals seine Tore. Die riesige Markthalle steht noch heute an genau derselben Stelle, wo sie einst eröffnet wurde.

In der Mitte der südlich gelegenen Hauptfassade erhebt sich seit diesem Tag der **berühmteste Uhrenturm der Stadt.** Anfangs nur als Erkennungszeichen der Markhalle gedacht, mauserte er sich über die Jahrzehnte zum bekanntesten Wahrzeichen Saigons. Unterhalb des Turms befindet sich auch der **Haupteingang** des Ben-Thanh-Marktes, der jedoch an allen vier Seiten des rechteckigen Bauwerks über diverse Ein- bzw. Ausgänge verfügt. Hat man die Schwelle zum **überdachten Markt** überschritten, wird man von der **Vielzahl der Verkaufsstände** regelrecht erschlagen: Zu Dutzenden, oft nur durch schmalste Durchgänge voneinander getrennt, bieten die Verkäufer, die in den meisten Fällen weiblich sind, ihre Waren feil.

› *Rund um die Uhr tobt das Leben am Ben-Thanh-Markt*

Saigon entdecken
Erlebenswertes im Zentrum (Distrikt 1)

Im **äußersten Ring** – immer entlang der Außenfassade – befinden sich ausschließlich Verkaufsstände mit **touristischen Angeboten**. Von Textilien über (gefälschte) Uhren, von Kunsthandwerk bis Plastikkitsch reicht das Angebot. Im Gegensatz zum Rest des Marktes entfällt bei diesem Rundgang das Feilschen. Hier sind alle Waren bereits ausgepreist und die angestellten Fachverkäuferinnen lassen die potenziellen Kunden beim Stöbern auch weitestgehend in Ruhe.

Im Herzen des Marktes geht es dann richtig zur Sache: Mit lauten Rufen sollen die Kaufwilligen in die Mini-Läden gelockt werden; dabei greifen sich die Verkäuferinnen gerne mal den einen oder anderen Arm, um die Touristen mit „sanfter Gewalt" in den Verkaufsstand zu ziehen und sie von den Vorzügen der angebotenen Waren zu überzeugen. Ein resolutes „No, thank you" und das Fortsetzen des eingeschlagenen Weges hilft meistens. Bei ganz penetranten Händlern erhält man seinen Arm nur durch vehementes Freimachen zurück. Mit diesen Handlungsmaximen und – ganz wichtig – einer soliden Portion Gleichmut und Freundlichkeit macht der Besuch aber wirklich Spaß. **Quirliges Getümmel** auf engstem Raum und **schmalste Gänge** mitten durch die Warenpalette machen den Marktbesuch zu einem einmaligen, typisch asiatischen Erlebnis. Bei Kaufinteresse sollte man sich auf ein **hartes Gefeilsche** vorbereiten (s. Tipps fürs Handeln auf S. 16).

Im **mittleren Teil** des Marktes findet man nach all den Shoppinganstrengungen ein Areal, in dem **Getränke und kleine Speisen** angeboten werden. Hier kann man bei einem Kaltgetränk oder einer heißen Nudelsuppe dem regen Betrieb beobachten und wird nicht weiter behelligt. Neben den kleinen Garküchen und Getränkeständen findet man auch **Verkaufsstellen für Nahrungsmittel** wie Obst oder Kaffee „made in Vietnam".

Am Abend findet in den Straßen rund um den Cho Ben Thanh der **Nachtmarkt** statt.

› Der Markt wird durch die Straßen Phan Chu Trinh, Le Thanh Ton und Phan Boi Chau begrenzt, geöffnet: tgl. 7 – 18 Uhr, ab 19 Uhr Nachtmarkt (s. S. 19).

Erlebenswertes im Zentrum (Distrikt 1)

> **EXTRATIPP**
>
> **Einer trotzt dem Verkehr**
> Inmitten des gigantischen **Kreisverkehrs** südlich des Cho Ben Thanh ❸ befindet sich eine **runde Verkehrsinsel**, die vielen Fußgängern als Rettung im konstant tobenden Mopedchaos erscheint. Erleichtert, dem Verkehrstod noch einmal entronnen zu sein, achtet kaum jemand auf das **Monument in der Mitte**. Dabei reitet hier einer der famosesten Generäle des 15. Jh. auf seinem Pferd: **General Tran Nguyen Han** besiegte unter dem späteren Kaiser Le Loi die chinesischen Okkupanten. Dabei setzte er erstmalig – so zumindest die Legende – **Brieftauben zur Nachrichtenübermittlung** ein. Deshalb schickt der General mit seiner rechten Hand auch eine steinerne Taube gen Himmel.

❹ Bitexco Financial Tower ★★★ [F5]

Feuerwerk, Lightshow, Orchester, Tanzaufführungen und ein Aufgalopp von Persönlichkeiten aus Wirtschaft und Politik bildeten im Herbst 2010 den würdigen Rahmen für die offizielle Eröffnung des höchsten Bauwerks des Landes. Aber im Streben nach Superlativen ist Ho-Chi-Minh-Stadt nicht alleine …

Nach einer fünfjährigen Bauphase war die Konstruktion abgeschlossen und der **262,5 m hohe Wolkenkratzer** überragte alle anderen Gebäude Vietnams. Unter Federführung des venezolanisch-amerikanischen Architekten **Carlos Zapata** entworfen, strebt der **gläserne Turm** – eine willkommene Parallele zum wirtschaftlichen Aufschwung des Landes – unbeirrt und dynamisch gen Himmel.

Zapata ließ sich bei der Gestaltung von einer **Lotusblüte** inspirieren, die in Vietnam den Status eines **Nationalsymbols** besitzt. Auch wenn man die Lotusblüte nur mit viel gutem Willen in dem Gebäude wiedererkennen mag, so lässt er die Anhänger moderner Baukunst doch mit der Zunge schnalzen. Elegant geschwungen erheben sich die 68 Stockwerke über den Saigon-Fluss. In der 52. Etage, auf gut 190 m Höhe, scheint eine **gigantische Frisbee-Scheibe** im Hochhaus zu stecken: die **Hubschrauber-Landeplattform**.

◁ *Moderner Koloss aus Stahl und Glas: der Bitexco Financial Tower*

▷ *Grandiose Sicht vom Bitexco-Wolkenkratzer: die gigantische Metropole reicht bis zum Horizont*

Saigon entdecken
Erlebenswertes im Zentrum (Distrikt 1)

Die Bitexco Group, ein vietnamesischer Immobilien- und Baugigant, konnte jedoch nur wenige Monate auf den Titel „Höchstes Gebäude Vietnams" stolz sein. Mitte 2011 wurde der Turm vom **Keangnam Hanoi Landmark Tower** mit einer stolzen Höhe von 336 m **entthront** – so etwas konnten die Hauptstädter nicht auf sich sitzen lassen. Doch bereits 2014 muss, so denn die Bauarbeiten planmäßig voranschreiten, der oberste Platz auf dem Treppchen wieder geräumt werden. Mit geplanten 363 m wird das VietinBank Business Centre in Hanoi auf alle anderen Häuser des Landes herabblicken.

Für interessierte Besucher steht der Bitexco Financial Tower offen. Vom **Skydeck** im **49. Stockwerk** aus genießt man einen traumhaften **360-Grad-Panoramablick** über die Stadt. Aus knapp 180 m Höhe wirkt die boomende Metropole fast wie eine Spielzeugstadt; erkennbar sind auch die großen Brachlandareale im Osten, die sicher nicht mehr lange unbebaut bleiben werden. Besonders die späten Nachmittagsstunden bzw. der Sonnenuntergang sind wegen der exzellenten Lichtverhältnisse für Fotografen reizvoll. Einziger Wermutstropfen: Man muss durch Fenster hindurch fotografieren und selbige sind manchmal leider etwas verschmutzt.

Im Eintrittspreis zum Skydeck ist selbstverständlich auch die **rasante Fahrstuhlfahrt** enthalten. Wer es ganz sportlich mag, kann die 1002 Stufen auch per pedes bewältigen. Der aktuelle Rekord beim **Bitexco Vertical Run** liegt übrigens bei 4:51 Min. und wird von dem Deutschen Thomas Dold gehalten – viel Erfolg bei der Rekordjagd!

› 36 Ho Tung Mau, www.saigonskydeck.com, Tel. 08 39156156, geöffnet: tgl. 9.30–21.30 (letzter Einlass 20.45 Uhr), Eintritt: 200.000 Dong (ca. 10 US$), erm. 130.000 Dong (ca. 6,50 US$)

Saigon entdecken
Erlebenswertes im Zentrum (Distrikt 1)

❺ Opera House (Nha Hat Lon) ★   [F4]

„Wenn wir schon nicht in Paris sein können, dann bauen wir uns eben ein Klein-Paris vor der Haustür!" So oder ähnlich mögen die kolonialen Entscheidungsträger gedacht haben, als sie den Bau der Opera de Saigon beschlossen.

Ähnlich wie beim Entwurf des Rathauses (Hôtel de Ville) ❽ orientierten sich die Baupläne des **Opernhauses** an einem **Pariser Vorbild**. Das Petit Palais in der französischen Hauptstadt wurde zur Weltausstellung im Jahr 1900 errichtet; im gleichen Jahr wurde sein kleiner Bruder in Saigon eröffnet. Das Gebäude wurde im Stil der Zeit – ganz in Anlehnung an die pompös-schwülstige Architektur der Dritten Französischen Republik – ausgesprochen **aufwendig verziert und dekoriert**. Mit einer Kapazität von 1800 Sitzplätzen war es eines der kulturellen und gesellschaftlichen **Zentren der Saigoner Ober- und Mittelschicht**. Bei einem alliierten Bombenangriff auf die japanisch besetzte Stadt wurde 1944 auch das Opernhaus in Mitleidenschaft gezogen; der Theaterbetrieb wurde daraufhin eingestellt. Gut zehn Jahre später wurde das Gebäude wieder aktiv genutzt und diente als **Parlamentssaal des vietnamesischen Unterhauses.** Die Bedeutung dieser eigentlich demokratischen Institution wurde vom starken Mann Südvietnams, dem autoritär regierenden Präsidenten Ngo Dinh Diem, ad absurdum geführt. Böse Zungen sprachen sodann von einem **Operettenparlament,** was – Ironie der Geschichte – wiederum zum Gebäude passte. Erst nach 1975 wurde das Opernhaus wieder in seiner ursprünglichen Funktion genutzt. Und nach einer grundlegenden Renovierung 1998 strahlt diese **kolonialarchitektonische Perle** nun fast wieder so wie zu seiner Eröffnung ein Jahrhundert zuvor. Heute dient das Haus als **Showbühne** für Unterhaltung jeglicher Art: Vom Pop- und Klassikkonzert über Theater, Ballett, Folklore-Show und Oper bis hin zu kommerziellen Präsentationen oder Modeschauen reicht das Spektrum. Das Innere des prächtigen Bauwerks kann leider **nur im Rahmen von Veranstaltungen besichtigt** werden.

Die **Folklore-Shows** sind vor allem für ausländische Besucher konzipiert und kommen – sicherlich ist das Geschmackssache – mitunter etwas langatmig daher. Ausgesprochen kurzweilig sind hingegen die **A O Shows.** Volkstümliche Elemente wie Bambusstangen oder kleine Korbboote werden im Rahmen einer artistischen Tanz- und Zirkusshow präsentiert, die von moderner und volkstümlicher Musik begleitet wird. In dynamischer Abfolge wechseln die Darbietungen; ruhige Sequenzen werden von lebensfroher Akrobatik abgelöst. Die Shows sind außerordentlich sehenswert, selbst für erklärte Feinde von Volkstanzpräsentationen.

Die Oper ist auch Spielstätte des **Ho Chi Minh City Ballet Symphony Orchestra (HBSO).** Auf der Internetpräsenz der Oper kann man sich auf Englisch über das Programm informieren.

› 7 Lam Son Square, www.hbso.org.vn, Tel. 08 38237419 u. 08 38299976, Karten je nach Aufführung 60.000–500.000 Dong (ca. 3–25 US$)

› A O Shows: wechselnde Termine, Beginn: wochentags 18, Sa./So. 20 Uhr, Eintritt: 630.000–1.470.000 Dong (ca. 22–51 US$). Weitere Infos auf der Homepage www.aoshowsaigon.com.

Erlebenswertes im Zentrum (Distrikt 1)

❻ Rex Hotel ★★ [F5]

Mondänes Autohaus, Messe- und Handelseinrichtung, Pressezentrum und Fünfsternehotel: So lautet die Geschichte des Rex Hotels in Kurzform. In der Fassade der glamourösen Herberge spiegelt sich die Geschichte Vietnams im 20. Jh. wider.

Im Jahr 1927 errichtete der **französische Geschäftsmann Banier** an dieser zentralen Kreuzung im Herzen Saigons eines der ersten Autohäuser der Stadt. In der Banier-Autohalle wurden die ersten **Citroën-Automobile** präsentiert und konnten von den oberen Zehntausend erstanden werden. Das Ende der Kolonialherrschaft beendete auch den florierenden Autohandel mit Frankreich. Ende der 1950er-Jahre ging das Autohaus in vietnamesischen Besitz über und wurde zu einem **Handels-, Messe- und Hotelzentrum** umgebaut.

Ende 1961 zogen erstmals amerikanische Militärkontingente in das Hotel ein und verdeutlichen mehr als drei Jahre vor der offiziellen Stationierung von US-Kampfeinheiten in Vietnam das wachsende Engagement der USA in Indochina, das den Vietnamkrieg (s. S. 82) weiter verschärfte.

Ab 1965 wurde das Rex als **Presseinformationszentrum der US-Streitkräfte** genutzt. Täglich um 17 Uhr legten die Militärs der versammelten Weltpresse den aktuellen Kriegsverlauf dar. Überaus optimistisch im Ton schwadronierten die Presseoffiziere, dass das siegreiche Ende des Konflikts in Griffweite läge. Doch mit jedem neuen Kriegsmonat, der ins Land zog, wurden die Journalisten jenseits des Podiums skeptischer. Auch deckten sich ihre persönlichen Erfahrungen an der Front immer weniger mit den geschönten Einschätzungen der Militärs. Die „**Five O'Clock Follies**" („Fünf-Uhr-Unsinn") trugen so eher zur Belustigung der internationalen Presseschar bei. Als glaubwürdige Informationsquelle waren sie ungeeignet. Dennoch kamen Journalisten, TV-Korrespondenten und Fotografen gerne auf der Dachterrasse des Rex zusammen. Im informellen Rahmen, mit einem Gin and Tonic in der Hand, wurden die neusten Informationen und Gerüchte ausgetauscht. Für die heimatlichen Redaktionen ließ sich so ein realistischeres Bild der aktuellen Kriegssituation skizzieren.

Der US-Kriegspropaganda zum Trotz siegten die Nordvietnamesen schließlich; als letzte Bastion fiel Saigon im April 1975. Eine gute Portion Ironie kann man den Siegern nicht absprechen: Im Rex verkündeten sie im darauffolgenden Jahr offiziell die **Wiedervereinigung des Landes.**

Nach einer temporären Nutzung durch staatliche Institutionen erhielt das Rex 1986 seinen alten Namen zurück. Nach mehrfachen Umbauten und Renovierungen wurde einem der berühmtesten Hotels des Landes 2008 endlich **der fünfte Stern** verliehen. Mit Swimmingpool, Spa-Welt, Fitnesscenter, Luxusboutiquen und mehreren Restaurants ist das Hotel mit der riesigen, nächtens illuminierten **Dachkrone** ein **Treffpunkt der Reichen und Schönen.** Am schönsten ist es – damals wie heute –, abends auf der etwas schwülstig dekorierten **Dachterrasse** namens **Rooftop Garden** (s. S. 39) zu sitzen, den Blick über das lebhafte Treiben der Metropole schweifen zu lassen und einen köstlichen Cocktail zu bestellen.

› 141 Nguyen Hue Blvd., www.rexhotelvietnam.com, Tel. 08 38292185

Ho Chi Minh: der Überbringer des Lichts

„Alle Menschen sind gleich erschaffen. Der Schöpfer hat uns bestimmte unveräußerliche Rechte gegeben: das Recht auf Leben, das Recht auf Freiheit und das Recht auf Wohlergehen." Mit diesen Worten schien Ho Chi Minh nach Jahrzehnten des Untergrundkampfes sein Lebensziel erreicht zu haben, als er am 2. September 1945 in Hanoi die **Unabhängigkeit Vietnams** proklamierte. **Mit US-amerikanischer Unterstützung** sollte die Unterdrückung des Landes durch die Kolonialmächte endgültig beendet werden. Dass dieser **vietnamesische Revolutionär** nur wenige Jahre später zu einem der ärgsten Feinde der USA werden sollte, ahnte wohl keiner der zahlreich anwesenden amerikanischen Geheimdienstler.

Als **Nguyen Sinh Cung** wurde der spätere Präsident Nordvietnams in der Nähe der Stadt Vinh 1890 geboren. Den Namen **Ho Chi Minh, „Überbringer des Lichts"**, nahm er erst 1942 an; spätere Biografen brachten ihn mit bis zu 50 (!) Pseudonymen in Verbindung. Mit seinem **konfuzianisch geprägten Vater** teilte er schon früh die **Ablehnung der französischen Kolo**nialherrschaft. Während sein Vater Reformen befürwortete, sah Ho auch einen gewaltsamen Umsturz als möglichen Weg. Zu einer ersten Konfrontation mit den Kolonialherren kam es 1906 in Hue bei einer Demonstration von Bauern gegen die hohe Steuerlast. Als Übersetzer vermittelte der junge Ho zwischen den gegensätzlichen Positionen. Nach der gewaltsamen Niederschlagung der Rebellion wurde er **als Aufrührer von der Schule verwiesen**.

Mit der Devise „Wer die Franzosen besiegen will, muss sie verstehen" heuerte er 1911 als **Kombüsenjunge** auf einem französischen Frachter an. Das war der Startschuss für eine **30-jährige Weltreise** - erst 1941 sollte er wieder vietnamesischen Boden betreten. Bombay, New York, London, Paris, Moskau oder Schanghai waren nur einige der Stationen, wo er sich mit **Hotel- oder Gastronomiejobs** über Wasser hielt. Als wissbegieriger und intelligenter junger Mann lernte er dabei nicht nur die Länder kennen, sondern u. a. Französisch, Englisch, Deutsch und Mandarin. Während seiner frühen Jahre in Frankreich (um 1920) entwickelte er sich zu einem **überzeugten Kommunisten und Gegner des Kolonialismus**. Da ihm die „etablierten" kommunistischen Parteien in Frankreich und der Sowjetunion in der Kolonialfrage zu passiv agierten, gründete er 1930 in Hongkong die **Kommunistische Partei Indochinas**. Der Ausbruch des Zweiten Weltkrieges in Europa und die französische Niederlage gegen Nazi-Deutschland schien eine Befreiung Vietnams in greifbare Nähe zu rücken. Mithilfe der **Viet Minh**, der *„Liga für die Un-*

Saigon entdecken

Erlebenswertes im Zentrum (Distrikt 1)

*abhängigkeit Vietnams", kehrte er 1941 in das nördliche Vietnam zurück und kämpfte anfangs mit knapp 6.000 Rebellen und amerikanischer Unterstützung gegen Frankreich und Japan. Die Unabhängigkeitserklärung von 1945 sollte jedoch zunächst wirkungslos bleiben. Die Franzosen kehrten nach Kriegsende nach Vietnam zurück – ihren kolonialen Besitz wollte die Grande Nation keinesfalls freiwillig aufgeben. Eine erneute bewaffnete Auseinandersetzung sollte fast acht Jahre andauern. Erst mit der **verheerenden Niederlage von Dien Bien Phu** (1954) zogen die Franzosen ab. Doch die Zeiten hatten sich geändert: Als **Präsident Nordvietnams** wurde Ho erklärter Feind der Amerikaner und ihres südvietnamesischen Vasallenstaates. Das **Ende des Vietnamkrieges** (s. S. 82) 1975 und die finale Unabhängigkeit **erlebte Ho Chi Minh nicht mehr.** Er starb am 2. September 1969 in Hanoi an Herzversagen.*

*Sein **bescheidener Lebensstil** - er wohnte in einem Holzhaus neben dem Präsidentenpalast - und sein lebenslanger Kampf für die Unabhängigkeit hatten ihn **zu einer Ikone gemacht**, die von seinen Nachfolgern bereitwillig **instrumentalisiert** wurde. Entgegen seinem letzten Willen, seine Asche zu gleichen Teilen in Süd-, Mittel- und Nordvietnam zu verstreuen, wurde er einbalsamiert und kann noch heute in einem **kolossalen Mausoleum in Hanoi** besichtigt werden. Vietnamweit gibt es unzählige Denkmäler (in Saigon ❼), Propagandaplakate und Büsten in öffentlichen Gebäuden. Auf jedem **Geldschein** (s. Foto links) prangt noch heute sein Konterfei.*

❼ Ho-Chi-Minh-Denkmal ★ [F4]

Ausländische wie auch einheimische Besucher Saigons posieren seit Jahr und Tag vor dem **wohl berühmtesten Denkmal der Metropole**. In einer **kleinen Parkanlage** mit akkurat beschnittenen Bäumchen, schick zurechtgestutztem Buschwerk und blühenden Blumen am nördlichen Ende der Nguyen Hue [F4] sitzt seit 1990 der **Übervater der Nation** auf einem marmornen Sockel: Ho Chi Minh (s. S. 68). Seinen linken Arm legt er dabei sanft um ein junges Mädchen, das einen Stapel Bücher umklammert. Ikonografisch symbolisiert diese Darstellung den fürsorglichen Vater, der sich um seine Kinder – in diesem Fall um alle Kinder der Nation – kümmert und ihre Bildung vorantreibt, der sich auch den Schwachen in der Gesellschaft widmet. Bekannt ist dieses Denkmal in Vietnam als „Onkel Ho" („Bac Ho").

△ *Das Ho-Chi-Minh-Denkmal steht vor dem Rathaus ❽ der Stadt*

Saigon entdecken
Erlebenswertes im Zentrum (Distrikt 1)

Die Stadtverwaltung von Ho-Chi-Minh-Stadt beschloss im Sommer 2013, dass Ho nun aber ein moderneres Denkmal verdient habe. Zum **40. Jahrestag der Befreiung Saigons am 30. April 2015** soll die alte Bronzestatue durch eine **spektakuläre neue Skulptur** ersetzt werden: Auf einem 1,8 m hohen Sockel soll sich dann ein über 6 m großer Ho erheben – fast doppel so hoch wie das derzeitige Monument. Dafür nimmt man gerne ein paar Dong in die Hand. Die kalkulierten 30 Milliarden Dong (ca. 1,1 Mio. €) beinhalten auch eine komplette Neugestaltung des umgebenden Parkareals.
› Nguyen Hue,
  nördlich des Kreisverkehrs gelegen

❽ Rathaus (Hôtel de Ville) ★★ [F4]

Bei diesem imposanten Gebäude erkennt man auf den ersten Blick, dass es von europäischen – in diesem Fall französischen – Bauherren entworfen wurde: das ehemalige Hôtel de Ville, das Rathaus der Stadt.

Als das Rathaus 1908 eröffnet wurde, war Saigon so etwas wie die **Hauptstadt** des **französischen Kolonialreiches Indochina**. Was lag da näher, als dem wichtigsten Verwaltungsgebäude der Stadt eine **Pariser Note** zu geben? Als Gesamtensemble, aber auch in stilistischen Details, ähnelt das ehemalige Saigoner Rathaus seinem Pendant in der französischen Hauptstadt, welches ein Vierteljahrhundert zuvor fertiggestellt worden war. Die Namensgebung des Rathauses versinnbildlicht eins zu eins die bewegte vietnamesische Geschichte im 20. Jh.: vom **Hôtel de Ville** (bis 1954) über **Town Hall** (bis 1975) bis zum **Sitz des Volkskomitees von Ho-Chi-Minh-Stadt** (bis heute).

Das wegen seiner gelblichen Farbe umgangssprachlich „**Lebkuchenhaus**" *(Gingerbread House)* genannte Rathaus **kann von innen nicht besichtigt** werden, da es immer noch als Verwaltungsgebäude genutzt wird und somit nur Staatsdiener Zutritt haben. Als **eine der populärsten Sehenswürdigkeiten der Stadt** wird das Gebäude fast rund um die Uhr von

Saigon entdecken
Erlebenswertes im Zentrum (Distrikt 1)

vietnamesischen und ausländischen Besuchern mit Fotokameras belagert. Denn der Besuch Saigons wird gern mit einem Beweisfoto, am besten vor dem Rathaus mitsamt dem Ho-Chi-Minh-Denkmal ❼, belegt. Um alle mit auf das Foto zu bekommen, werden nicht selten Passanten gefragt, ob sie den Auslöser betätigen können.

Ein besonderer Tipp für Hobbyfotografen: Nach Einbruch der Dunkelheit wird das Gebäude **spektakulär illuminiert**. Deshalb das Stativ nicht im Hotel vergessen.
› 86 Le Thanh Ton,
an der Kreuzung Nguyen Hue

❾ Museum of Ho Chi Minh City (Bao Tang Thanh Pho Ho Chi Minh) ★★ [E4]

Obwohl das Gebäude bereits als Museum geplant und errichtet wurde, zog 1890, kurz nach dessen Fertigstellung, zunächst der französische Generalgouverneur für Südvietnam in den von seinem Landsmann Alfred Foulhoux entworfenen Repräsentationsbau ein.

Erst viele Hausherren später – vom Oberbefehlshaber der japanischen Besatzungstruppen über den offiziellen Vertreter des letzen vietnamesischen Kaisers Bao Dai bis zum brutalen Diktator Ngo Dinh Diem – wurde der Palast von den siegreichen Nordvietnamesen wieder in das verwandelt, was es eigentlich sein sollte: ein Museum. So öffnete 1975 das sogenannte **Revolutionsmuseum** seine Pforten, das sich ganz dem Freiheitskampf der Vietnamesen widmete. Mit der Umbenennung des Museums im Jahr 1999 änderte sich auch die inhaltliche Ausrichtung der Ausstellung.

Beginnend mit 5000 Jahre alten **archäologischen Artefakten** wird der Besucher heute über die verschiedenen historischen Epochen bis in die Neuzeit geführt. Dabei werden die Exponate nicht nur in Glasvitrinen ge-

◿ *Historie in historischem Ambiente: das Museum of Ho Chi Minh City*

◸ *Das Rathaus Saigons wird allabendlich festlich illuminiert*

Erlebenswertes im Zentrum (Distrikt 1)

zeigt oder historische Begebenheiten auf Schautafeln skizziert – die **Geschichte** wird mithilfe **plastisch nachgestellter Szenen** und Puppen in historischer Bekleidung veranschaulicht. So werden etwa Marktszenen oder traditionelle Handwerkskunst illustriert. Interessant ist auch die Darstellung des Handels und dessen immenser Bedeutung für die Stadtentwicklung. Faszinierende **Schwarz-Weiß-Fotos** vom Hafenbetrieb oder dem Trubel auf den Straßen der Stadt um 1900 verdeutlichen dabei die rasante Entwicklung des einst verschlafenen Örtchens hin zur führenden Wirtschaftsmetropole eines 90-Mio.-Einwohner-Staates.

Aufschlussreich sind auch die **Überbleibsel des Revolutionsmuseums.** In zwei Ausstellungen wird der **Freiheitskampf der Vietnamesen** gegen die französische Kolonialmacht und die US-amerikanischen „Imperialisten" dargestellt bzw. heroisch idealisiert. Abgerundet werden diese beiden letzten Kapitel der Fremdherrschaft des Landes mit eindrucksvollen Exponaten im **Garten des Museums:** Französische Oldtimer und amerikanische Militärtechnologie wie der berühmte Huey-Helikopter oder ein monströser M41-Panzer stehen dort zwischen Palmen.

Neben den Ausstellungsstücken gibt es noch eine weitere Sehenswürdigkeit: das **pompöse Gebäude** selbst mit seinen riesigen Sälen, weiten Gängen und teils sehr imposanten Treppenhäusern. Ungewöhnlich für westliche Besucher sind auch die fast immer präsenten **einheimischen Brautpaare** in voller Festtagsgewandung – denn das Museum ist eine beliebte Fotolokalität, in welcher der wohl schönste Tag des Lebens fotografisch inszeniert wird. In Vietnam entstehen die Hochzeitsfotos immer einige Wochen vor dem eigentlichen Termin, um damit die Hochzeitseinladungen angemessen zu bebildern. Für 400.000 Dong (ca. 20 US$) erhalten Paare eine **Fotoerlaubnis** – der Preis gilt übrigens auch für nicht-vietnamesische Heiratswillige.

> 65 Ly Tu Trong, www.hcmc-museum.edu.vn, Tel. 08 38299741, geöffnet: tgl. 8–17 Uhr, Eintritt: 15.000 Dong (ca. 0,75 US$)

❿ Central Post Office (Buu Dien Trung Tam) ★★★ [E4]

Postämter, die als Sehenswürdigkeiten einzustufen sind, dürfte es weltweit nicht viele geben. Zumeist sind Bauwerke dieser Art von einer funktionalen Tristesse geprägt, die zu wenig mehr als zum Briefmarkenkauf einlädt. In Saigon ist das anders.

In einer sich rasant verändernden asiatischen Metropole fällt Altes schnell der Abrissbirne zum Opfer. Zum Glück blieb dieses **Musterbeispiel ästhetischer Kolonialarchitektur** von einem solchen Schicksal verschont. Unter Federführung der französischen Architekturikone **Gustave Eiffel** (1832–1923) – dem Erbauer und Namensgeber des berühmtesten Pariser Turms – wurde in der zweiten Hälfte der 1880er-Jahre die **Saigoner Hauptpost** errichtet und 1891 seiner Bestimmung übergeben. Die **gusseisernen Verzierungen** im Eingangsbereich wurden in Eiffels Pariser Manufaktur hergestellt und anschließend nach Vietnam verschifft. An der aufwendig gestalteten **Außenfassade** prangen **Namensschilder großer For-

▷ *Ein Werk Gustave Eiffels: das Central Post Office*

Saigon entdecken
Erlebenswertes im Zentrum (Distrikt 1)

scher und **Entdecker** der damaligen Zeit wie Faraday, Galvani, Volta oder Foucault, die schwerpunktmäßig im Bereich der Physik und Elektrizität tätig waren. Der amerikanische Staatsmann Benjamin Franklin wird ebenfalls mit einer Plakette geehrt: Er war nämlich auch ein begnadeter Wissenschaftler und hat die Welt u. a. mit der Erfindung des Blitzableiters beglückt.

Betritt man das Hauptpostamt durch den zentralen Haupteingang, blickt man in ein mächtiges **Tonnengewölbe**, an dessen Längsseiten sich die Postschalter aufreihen. Ganz am Ende wird man von einem riesigen **Porträt** des gütig dreinblickenden Revolutionsführers **Ho Chi Minh** (s. S. 68) begrüßt. Rechts und links des Eingangsportals befinden sich **historische Telefonzellen**, in denen man im analogen Zeitalter unter Vermittlung der „Dame vom Amt" mit der großen, weiten Welt fernsprechen konnte. Die historischen Kabinen sind noch heute erhalten, ihre Funktion jedoch nicht mehr: In den meisten

KURZ & KNAPP

Der letzte Mohikaner
Ein fast schon „menschliches Relikt" vergangener Zeiten ist **Herr Duong Van Ngo.** Seit fast 70 Jahren arbeitet er im Central Post Office ❿ – die ersten 44 Jahre als normaler Postangestellter und nach seiner Pensionierung zum 60. Geburtstag als **Briefschreiber und Übersetzer.** Wer des Schreibens nicht mächtig ist oder mit Fremdsprachen auf Kriegsfuß steht, der war und ist sein Kunde. Hauptsächlich übersetzt er Schriftgut zwischen Englisch, Französisch und Vietnamesisch. Jeden Werktag kommt er für acht Stunden. Vor einigen Jahren noch hatte er fünf Kollegen, doch die sind inzwischen alle verstorben. Auch Herr Ngo hat mit gesundheitlichen Problemen zu kämpfen. Besonders die Augen machen dem über 80-Jährigen zu schaffen. Der Mann mit der Lupe lässt sich jedoch nicht unterkriegen und nennt sich ganz selbstironisch „der letzte Mohikaner".

befinden sich heute Geldautomaten. Über den Telefonzellen erstrecken sich zwei **historische Wandkarten** des kolonialen Saigons und der Telegrafenleitungen in und um Saigon aus der Zeit um 1900.

Neben den klassischen Serviceangeboten rund um Briefmarke, Paket und Geldwechsel werden in den beiden Seitenflügeln des Gebäudes auch **Andenken** jeglicher Couleur feilgeboten.

› 2 Cong Xa Paris, Tel. 08 38271149, geöffnet: tgl. 7–19 Uhr

⑪ Cathédrale Notre-Dame ★★ [E4]

In den ersten Jahrzehnten nach ihrer Errichtung im Jahr 1880 war Notre-Dame das höchste Bauwerk der Stadt. Heute werden die zwei 58 m hohen Kirchtürme, die erst 15 Jahre nach der Eröffnung hinzugefügt wurden, von den Hochhäusern in der Nachbarschaft überragt.

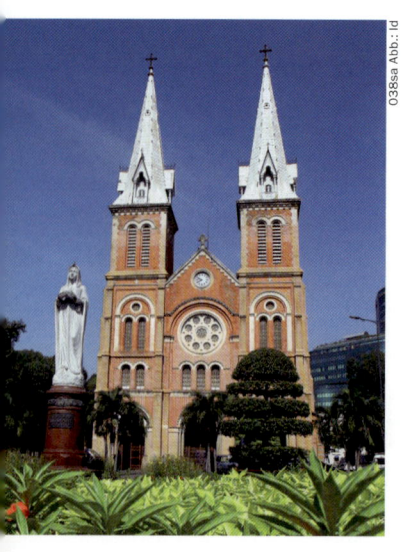

Das **größte christliche Bauwerk der Stadt** wurde, wie kaum anders zu erwarten, von den Franzosen errichtet. Mit großem logistischen und finanziellen Aufwand wurden sämtliche Baumaterialien aus Frankreich importiert. Noch heute leuchten die **Backsteine**, die aus der Gegend um Marseille stammen, in ihrem **charakteristischen Rot-Ton**, während das Buntglas der Fenster aus der Region Chartres herangeschafft wurde. Das Fensterglas wurde jedoch während der Konflikte des 20. Jh. partiell zerstört und musste ersetzt werden.

Im **Eingangsbereich** sind Dutzende von **Erinnerungstäfelchen** angebracht, die an die edlen Spender erinnern, die finanziell zum Erhalt von Notre-Dame beigetragen haben. Das Innere der Kathedrale ist – insbesondere im Vergleich zu katholischen Kirchen in Europa – sehr **schlicht** und weitestgehend **schmucklos** gestaltet. Es erinnert eher an ein protestantisches Gotteshaus, obwohl die evangelische Kirche in Vietnam fast bedeutungslos ist. Auch im 21. Jh. lebt das Gros der vietnamesischen Katholiken (s. S. 76) im Süden des Landes und die **bis zu sieben sonntäglichen Messen** werden ausgesprochen zahlreich besucht. An besonderen kirchlichen Festtagen wie Weihnachten oder Ostern platzt das Gotteshaus regelmäßig aus allen Nähten und die Gläubigen versammeln sich auch auf dem Platz vor der Kirche.

Auf selbigem **Platz** erhebt sich seit 1959 eine **hellgraue Statue der Jungfrau Maria**, die vor einigen Jahren für **ungeheures Aufsehen** sorgte. Im Herbst 2005 kam es für eini-

◁ *Katholizismus in Südvietnam: die hübsche Cathédrale Notre-Dame*

Saigon entdecken
Erlebenswertes im Zentrum (Distrikt 1)

KLEINE PAUSE

Auszeit mit Kaffee
Eine Filiale der **vietnamesischen Kette Highlands Coffee** (s. S. 36) befindet sich genau **gegenüber der Cathédrale Notre-Dame** ⓫ an der Ecke Dong Khoi/Nguyen Du. Je nach Wetterlage kann man die heißen oder kalten Kaffee-Spezialitäten im klimatisierten Café oder aber auf der Außenterrasse zu sich nehmen.

ge Tage zum Ausnahmezustand rund um die Kirche, da der Dame aus Granit angeblich **Tränen über die rechte Wange** kullerten. Tausende von Menschen wollten sich diese Gottesbotschaft nicht entgehen lassen und der Verkehr auf dem Platz der Pariser Kommune brach zusammen. Obwohl die Kirchenoberen das angebliche Weinen der Statue offiziell verneinten, strömten die Gläubigen weiterhin vor die Kirche. In den ersten drei Tagen nach der Erscheinung verhaftete die Polizei über 70 illegale Verkäufer von Fotos der weinenden Maria. Für Nichtgläubige war die Erklärung simpel: Entweder hatte man Regentropfen im Gesicht der Statue fehlgedeutet oder man war Hinterlassenschaften von Vögeln aufgesessen. Oder die Dame aus Granit hatte eben doch bittere Tränen vergossen ...

› Cong xa Paris, Tel. 08 38220477, geöffnet: Mo.–Sa. 8–10.30 u. 15–16 Uhr. Öffnungszeiten werden teilweise flexibel ausgelegt. Die Kirche lässt sich grundsätzlich nur **außerhalb der Gottesdienstzeiten** besichtigen; sonntägliche Messen um 5.30, 6.30, 7.30, 9.30, 16, 17.15 u. 18.30 Uhr.

▷ *Aussicht mit Springbrunnen: Blick vom Wiedervereinigungspalast*

⓬ Wiedervereinigungspalast (Dinh Thong Nhat) ★★★ [D4]

Gouverneurspalast – Unabhängigkeitspalast – Wiedervereinigungspalast: Die Namensgebung dieses zentralen und bedeutenden Bauwerks im Herzen Saigons spiegelt die Geschichte Vietnams in den letzten 150 Jahren exakt wider. Auch wenn das Gebäude von außen eher den Charme einer überdimensionierten Sparkassenfiliale ausstrahlt, ist die Besichtigung der Räumlichkeiten einer der absoluten Höhepunkte für Saigon-Besucher.

Das Areal für den Bau des Palastes war schon in den späten 1860er-Jahren von französischer Seite ausgewählt worden. Von hier aus, **genau im Zentrum** der größten Stadt Indochinas gelegen, sollten die Geschicke des Kolonialreiches gelenkt werden. 80 Jahre lang, von einem kurzen japanischen Intermezzo während des Zweiten Weltkrieges unterbrochen,

Der Katholizismus in Vietnam

Die Wurzeln des christlichen Glaubens reichen in Südostasien **rund 500 Jahre** zurück. Bereits im 16. Jh. reisten erste europäische Missionare, zumeist aus Portugal, in das heutige Vietnam, anfangs mit bescheidenen Ergebnissen. Besonders im ersten Drittel des 17. Jh. konnten aus christlicher Sicht Erfolge verzeichnet werden. 1615 wurde in Hai Pho (heute: Hoi An) die erste katholische Gemeinde gegründet.

Unter dem Jesuiten **Alexandre de Rhodes** (1591-1660), der erstmalig 1627 nach Vietnam kam, nahm die Christianisierung Fahrt auf. Innerhalb von drei Jahren tauften die Jesuiten fast 7000 Vietnamesen. De Rhodes' Erbe ist bis heute allgegenwärtig: Er entwarf unter Benutzung des **lateinischen Alphabets** eine eigene vietnamesische Schriftsprache, die die bis dato gültigen chinesischen Schriftzeichen ersetzen sollte. Die **neue Nationalsprache „Quoc Ngu"** setzte sich jedoch erst Mitte des 20. Jh. durch.

Der katholische Priester **Pigneau de Béhaine** (1741-1799) wurde Ende des 18. Jh. zum einflussreichsten Europäer in Indochina. Als politischer und militärischer **Berater des Fürsten Nguyen Anh** (1762-1820), dem er erfolgreich bei innervietnamesischen Auseinandersetzungen zur Seite stand, konnte er auch die Rolle des Katholizismus stärken. Nur drei Jahre nach Pigneaus Tod krönte sich Nguyen Anh als **Gia Long** zum ersten Kaiser eines vereinten Vietnams.

In den folgenden Jahrzehnten unter den Nachfolgern Gia Longs brachen immer wieder Konflikte zwischen dem konfuzianisch geprägten Herrscherhaus und den Vertretern der katholischen Kirche in Vietnam aus. Unter dem konservativen Kaiser **Minh Mang** (1791-1841) eskalierte der Kon-

---

symbolisierte der nach dem Khmer-König Norodom benannte **Norodom-Palast**, so der **offizielle Name des Gouverneurssitzes**, den Herrschaftsanspruch der Grande Nation.

Militärisch gedemütigt und politisch am Ende, verließen die Franzosen Vietnam 1954 und der von den USA protegierte **Ngo Dinh Diem** (1901-1963) bezog als neuer **Präsident Südvietnams** den Palast. Dass dessen Popularitätskurve rapide in den Keller ging, wurde spätestens im Februar 1962 offensichtlich, als der Palast absichtlich von zwei Kampfbombern aus Diems eigener Luftwaffe **bombardiert** wurde. Der Diktator überlebte, aber das Bauwerk wurde schwer beschädigt. Diem ließ den alten Palast abreißen und an gleicher Stelle eine **moderne Regierungszentrale** errichten. 12.000 m³ Beton wurden verbaut und 2000 m² Glas in die Fassade eingesetzt. So entstand auf fünf Etagen eine nutzbare Fläche von 20.000 m². Bei der Einweihung des nigelnagelneuen **Unabhängigkeitspalastes (Dinh Doc Lap)** im Herbst 1966 war Diem jedoch nicht zugegen: Drei Jahre zuvor war er bereits aus dem Amt geputscht und umgebracht worden.

Noch bis zum 30. April 1975 regierte von hier aus die **südvietnamesische Militärjunta**. Als gegen 10.45 Uhr zwei schwere Panzer der nordvietnamesischen Armee krachend das Haupttor durchbrachen, war das Ende des Regimes schließlich besiegelt. Umbenannt in **Wie-

Saigon entdecken
Erlebenswertes im Zentrum (Distrikt 1)

flikt in den 1830er-Jahren – mehrere katholische Würdenträger wurden öffentlich exekutiert. Die **Ermordung und Unterdrückung der Katholiken** wurde von französischer Seite als willkommener Anlass genommen, in Indochina militärisch einzugreifen, um die christliche Minorität zu schützen. Mit der **Errichtung des indochinesischen Kolonialreiches** in der zweiten Hälfte des 19. Jh. änderten sich die Vorzeichen radikal: Nun waren die Anhänger des Christentums gesellschaftlich und ökonomisch privilegiert und stellten die **Führungselite Vietnams**. Selbst nach dem Ende der Kolonialzeit änderte sich daran in Südvietnam wenig; im Norden hatten die Kommunisten unter Ho Chi Minh (s. S. 68) die Macht übernommen und das Gros der nordvietnamesischen Katholiken flüchtete in den Süden.

Hier hielt der **Diktator Ngo Dinh Diem** (1901–1963), selbst **überzeugter Katholik**, die Zügel straff in der Hand. Unter seiner Herrschaft wurden alle anderen Religionen unterdrückt; der innere Führungszirkel bestand ausschließlich aus Katholiken. Mit dem Ende des Indochinakonflikts 1975 und dem Fall Saigons kam diese Ära zu einem abrupten Ende.

Die **siegreichen Kommunisten** unterdrückten nun ihrerseits die Katholiken, enteigneten sie und steckten sie in **Umerziehungslager**. Erst mit den **Doi-Moi-Reformen** der späten 1980er-Jahre entspannte sich das Verhältnis zwischen der katholischen Kirche und der Regierung in Hanoi. Seitdem können die Christen des Landes ihre Religion wieder weitestgehend frei ausüben, auch wenn Hanoi sie weiter kritisch im Auge behält.

Heute gehören etwa **6–7 %** der vietnamesischen Bevölkerung dem **katholischen Glauben** an, wobei der Anteil im Süden des Landes höher ist.

---

dervereinigungspalast (**Dinh Thong Nhat**), fungiert das präsidiale Bauwerk seit 1990 als **Museum**. Auf der Homepage heißt der Palast weiterhin Dinh Doc Lap, also Unabhängigkeitspalast – diese Bezeichnung ist auch bei vielen Vietnamesen noch verbreitet.

Der museale Palast ist von einem **weitläufigen Park** mit mächtigen **Baumriesen** umgeben. Neben diversen kleineren Bauten befinden sich hier auch die **zwei berühmtesten Panzer Vietnams**: Nr. 390, der als erster durch das schmiedeeiserne Tor zum Palast brach, und Nr. 843, dessen Kommandeur die südvietnamesische Flagge durch das Banner mit dem großen, gelben Stern ersetzte.

Im Gebäude selbst kann man alle Stockwerke auf eigene Faust erkunden und die oftmals repräsentativ-pompösen Räumlichkeiten wie **Präsidentenbüro** oder diverse **Empfangssäle** durchschreiten. Auf der **Dachetage** steht noch heute ein historischer **Militärhubschrauber**, der jeden Augenblick abzuheben scheint. Von hier aus genießt man einen **wunderschönen Ausblick** auf die Straße Le Duan [E4].

Besonders spannend – und das nicht nur für Historiker – ist der Besuch der **unterirdischen Katakomben**. Unter meterdickem Stahlbeton ist hier das Herzstück der südvietnamesischen Kriegsmaschinerie konserviert. Wie in einer Zeitkapsel hat die **militärische Infrastruktur** fünf

Operation „Frequent Wind" oder die panische Flucht aus Saigon

Zwei Jahre, nachdem die letzten US-Kampfverbände Vietnam verlassen hatten – nur Wachpersonal, militärische Berater und Botschaftspersonal hielten sich ab April 1973 in Vietnam auf – **kollabierte das südvietnamesische Regime.** *In den letzten Tagen des April 1975 kulminierte die Situation rasend schnell. Ohne nennenswerten Widerstand näherte sich die* **nordvietnamesischen Armee** *Saigon. Von amerikanischer Seite waren seit Wochen Vorbereitungen getroffen worden, um eine Evakuierung auf dem Luftweg zu organisieren. In den ersten Aprilwochen wurden täglich Hunderte von Flüchtlingen (Amerikaner, Vietnamesen und Angehörige anderer verbündeter Nationen) mit Passagier- und Transportmaschinen außer Landes gebracht.*

Als die **US-Luftwaffenbasis Than Son Nhut,** *die an den Saigoner Flughafen grenzte, am 29. April unter direktes Artilleriefeuer geriet, wurde die* **Evakuierungsoperation „Frequent Wind"** *gestartet. Von über einem Dutzend „Landing Zones", die sich zumeist* **auf Flachdächern im Stadtbereich** *befanden, sollten die Menschen mit Hubschraubern ausgeflogen werden. In einem vertraulichen Schreiben war das Prozedere den Betroffenen zuvor erläutert worden. Über den Äther des Armeesenders wurde Folgendes verkündet: „The temperature in Saigon is 112 degrees and rising"; im Anschluss spielte der Sender den Song* **„White Christmas"** *– das war das* **Signal zum Start der Operation.** *In der Vorbereitung kam es teils zu skurrilen Situationen. Zwei japanischen Journalisten, denen „White Christmas" gänzlich unbekannt war, mussten die amerikanischen Kollegen den Song mehrfach vorsingen, damit sie das Signal überhaupt verstanden.*

Nur wenige Minuten, nachdem das Weihnachtslied gegen Mittag des 29. April 1975 gespielt wurde, donnerten schon die ersten Hubschrauber über die Innenstadt. Innerhalb der nächsten 24 Stunden flogen Dutzende von Helikoptern ununterbrochen zwischen den Sammelpunkten und den **vor der Küste ankernden Flugzeugträgern.** *Da sich auch viele südvietnamesische Piloten mit ihrem Fluggerät beteiligten, reichten die Landeflächen auf den Schiffen nicht mehr aus.* **Mehr als 50 Hubschrauber** *wurden einfach* **über Bord gekippt** *oder die Piloten navigierten sie, nachdem die Flüchtlinge sicher abgesetzt worden waren, wenige Meter über die Wasseroberfläche und sprangen dann selbst ab. Anschließend wurden sie von Rettungsbooten eingesammelt.*

So wurden ca. 7000 Menschen ausgeflogen, über 5500 davon Vietnamesen, die für die Amerikaner gearbeitet hatten. Über 400 Fluchtwillige mussten zurückgelassen werden. Aus dem von den USA angestrebten „Kriegsende in Würde" war vor den Augen der Weltöffentlichkeit ein **panische, teilweise kopflose Flucht** *geworden. Sie war nicht nur ein Symbol der Niederlage, sondern auch der Unsinnigkeit des Indochinakonflikts und der brutalen* **Vernichtung millionenfachen Lebens** *im* **Vietnamkrieg** *(s. S. 82).*

Saigon entdecken
Erlebenswertes im Zentrum (Distrikt 1)

Jahrzehnte überdauert. Anhand riesiger Wandkarten wurden Strategien und Truppenbewegungen besprochen, schmale Feldbetten dienten den Nachtschichten zum kurzen Nickerchen und die Kommunikationstechnologie mit klobigen Telefonen und Funkgeräten in Kühlschrankgröße ist im Museum genau richtig aufgehoben. Echte **Geschichte zum Anfassen,** auch wenn das natürlich im wahren Wortsinne verboten ist.

Der **Eingang zu Park und Palast** befindet sich **links des Haupttors.** Neben dem Kassenhäuschen schließt sich ein kleiner **Souvenirshop** an.

› 135 Nam Ky Khoi Nghia, www.dinh doclap.gov.vn, Tel. 08 085038, geöffnet: tgl. 7.30–11 u. 13–16 Uhr, Eintritt: 30.000 Dong (ca. 1 US$)

Der Tao Dan Park bietet Ruhe, Schatten und die Abwesenheit von Mopeds – eine ausgesprochen seltene Kombination im quirligen Saigon

❸ Tao Dan Park (Cong Vien Tao Dan) ★★ [D5]

Der Tao Dan Park liegt etwas abseits der touristischen Hauptrouten. Die **mächtigen Baumriesen** spenden Schatten und viele Saigoner nutzen den Park als Ruheoase vom brodelnden Großstadtleben. Da er nur von wenigen Touristen aufgesucht wird, lauern einem auch nicht die teils recht hartnäckigen mobilen Verkäufer mit ihren Bauchläden auf. Trotzdem muss man im Park nicht verhungern oder verdursten, da kleine **Verkaufsstände auf Rädern** lokale **Snacks oder Erfrischungsgetränke** verkaufen. In zierlichen Pavillons, die sowohl vor Sonne als auch vor Regen schützen, sitzen die Menschen und gehen ihrer Leidenschaft nach: Kartenspielen, Handarbeit oder Schlafen sind die bevorzugten Aktivitäten.

Besonders lohnenswert ist ein **Besuch in den frühen Morgenstunden** kurz nach Sonnenaufgang. Die Saigo-

Saigon entdecken
Erlebenswertes im Zentrum (Distrikt 1)

ner Rentner übernehmen dann das Zepter in dem **10 ha großen Park**. In Scharen pilgern sie in die grüne Minilunge und treiben mit militärischer Disziplin ihren Frühsport. Ob Schattenboxen, Walking oder Badminton – für jeden ist etwas dabei.

Ein für Europäer sehr ungewöhnliches Hobby kann man in der **südöstlichen Ecke des Parks** bewundern. Dort treffen sich allmorgendlich ab 6 Uhr zumeist männliche Rentner, die große Käfige vor sich hertragen. Es wird gesungen und geträllert, dass es eine wahre Freude ist: Die **Singvogelfreunde** von Ho-Chi-Minh-Stadt trainieren ihre gefiederten Hochleistungszwitscherer und fachsimpeln dabei über ihre Passion. Das Ganze ist für die Vogelbesitzer eine Frage der Ehre: Einmal im Jahr kommt es zum Kampf der Giganten, wenn sich die Saigoner Singvögel mit ihren Artgenossen aus Hanoi messen – und da will man auf keinen Fall verlieren! Am späten Nachmittag bzw. frühen Abend sind dann eher jüngere Stadtbewohner im Park anzutreffen. **Händchenhaltende Liebespaare** flanieren selig über die Parkwege, bewundern die Skulpturen auf den Rasenflächen oder sitzen eng beieinander auf einer der vielen Bänke. Der Tao Dan Park ist eine beschauliche Minioase im brodelnden Großstadtleben, die man jedoch nächtens meiden sollte, da sich dort zu später Stunde eher finstere Gestalten aufhalten sollen.
❯ rechts und links der Truong Dinh

⓮ War Remnants Museum (Bao Tang Chung Tich Chien Tranh) ★★★ [D4]

Obwohl der Zweite Indochinakrieg (s. S. 82) bereits vor 40 Jahren endete, verbinden vor allem Besucher aus der westlichen Welt Vietnam fast automatisch mit den grausigen Ereignissen der 1950- bis 70er-Jahre. Im bedrückenden Kriegsrelikte-Museum wird der Vietnamkrieg noch einmal lebendig und die Brutalität dieses Konflikts vor Augen geführt.

Saigon entdecken
Erlebenswertes im Zentrum (Distrikt 1)

Unmittelbar **nach dem Ende des Krieges 1975** wurde auf Veranlassung der Hanoier Führung ein Museum in Saigon eröffnet. Unter dem Namen **„The House for Displaying War Crimes of American Imperialism and the Puppet Government"** („Das Haus der Verbrechen des Amerikanischen Imperialismus und dessen Marionettenregimes") wurde die brutale und rücksichtslose Kriegsführung der USA angeprangert. Erst das **politische Tauwetter** zwischen den ehemals verfeindeten Nationen Mitte der 1990-Jahre machte den Weg frei für den heutigen, **weniger sozialistisch-propagandistischen Museumsnamen**. Eine Rolle bei der Namensänderung spielte wohl auch die touristische Öffnung des Landes und die zu erwartenden westlichen Besucher, denen man nicht so direkt vor den Kopf stoßen wollte.

Inhaltlich wurde dabei weniger geändert, wenn auch die schrecklichsten Exponate wie Dutzende fehlgebildeter Embryonen und Babys in Formaldehyd – die jüngsten Opfer des **Entlaubungsmittels „Agent Orange"** – größtenteils entfernt worden sind. Einige Besucher werfen dem Museum trotz zahlreicher Beweise für die verbrecherische Kriegsführung der US-Amerikaner eine ausgesprochen einseitige Darstellung vor. Andere jedoch sehen sich in ihrer Sichtweise durch die museale Präsentation bestätigt. Vielleicht liegt die Wahrheit – wie so oft – in der Mitte.

Der zum Teil offene Museumsbau befindet sich auf einem großen Eckgrundstück und wird von einem **großzügigen Freigelände** umgeben. Dort lässt sich eine umfangreiche Sammlung an **militärischem Gerät** unterschiedlichster Provenienz aus nächster Nähe begutachten: Kampfjets, Hubschrauber, Panzer und Artilleriegeschütze. Ebenfalls im Freiluftbereich ist ein **Nachbau der sogenannten Tigerkäfige** errichtet worden. Darin wurden von US-amerikanischer und südvietnamesischer Seite jedoch keine Raubkatzen gehalten, sondern Kriegsgefangene oder Regimegegner auf unmenschliche Weise inhaftiert.

Im **Museum** selbst werden auf **drei Ebenen** unterschiedliche Aspekte der militärischen Auseinandersetzung aufgegriffen. Dies umfasst **Fotodo-**

◁ *Historische US-Kampfflugzeuge vor dem War Remnants Museum*

> **LITERATURTIPP**
>
> **Geschichte eines blutigen Konflikts**
>
> Das in der Beck'schen Reihe erschienene Buch des Historikers Marc Frey ist eines der **Standardwerke zum Thema Vietnamkrieg** (s. S. 82). Komprimiert stellt der Autor den Handlungsrahmen und die Motive der involvierten Parteien dar. Dabei geht er auch auf die Vorgeschichte des kolonialen Befreiungskrieges ein und skizziert, wie die USA nach 1954 die Rolle der ehemaligen Kolonialmacht Frankreich übernahmen. Sein Hauptaugenmerk legt Frey auf **politische Entscheidungsprozesse** und deren Konsequenzen für die **militärische Auseinandersetzung**. Eingebettet wird die Analyse in den globalen Rahmen des Kalten Krieges und der **eskalierenden Ost-West-Konfrontation**. Insgesamt eine ausgesprochen profunde Darstellung des Indochinakonflikts, die lesenswert und auch für Nichthistoriker gut verständlich ist.
>
> ❯ Frey, Marc. **Geschichte des Vietnamkrieges. Die Tragödie in Asien und das Ende des amerikanischen Traums.** Beck Verlag, München 2010.

Der Zweite Indochinakrieg (Vietnamkrieg)

*Eine der blutigsten militärischen Auseinandersetzungen in der zweiten Hälfte des 20. Jh. war der Zweite Indochinakrieg, der umgangssprachlich als Vietnamkrieg im kollektiven Gedächtnis abgespeichert ist, während er **in Vietnam** als „**Amerikanischer Krieg**" Eingang in die Geschichtsbücher gefunden hat.*

*Nach der französischen Niederlage in Dien Bien Phu 1954 und dem Abzug der Kolonialmacht engagierten sich die USA mit beständig wachsendem Einfluss im größten Land Indochinas. **Präsident Diem**, ein von den Amerikanern installierter Diktator, war zwar **formal das Staatsoberhaupt** des südlichen Vietnams, die wichtigen Entscheidungen wurden jedoch bereits ab 1955 in Washington getroffen.*

*In der **Logik des Kalten Krieges** musste in Saigon ein antikommunistisches Regime als Gegengewicht zu der sozialistischen Regierung in Hanoi aufgebaut werden. Die weithin akzeptierte **Domino-Theorie** stellte dabei die theoretische Unterfütterung des US-Engagements dar. Danach musste eine kommunistische Machtübernahme in Vietnam mit allen Mitteln verhindert werden, da sonst automatisch alle Nachbarstaaten wie Dominosteine umkippen und ebenfalls kommunistisch werden würden.*

*Der **17. Breitengrad**, in Zentralvietnam gelegen, stellte die **militärische Pufferzone** zwischen den beiden Vietnams dar. Der Norden des Landes unter Führung von Ho Chi Minh (s. S. 68) war bestrebt, eine Vereinigung des Landes – auch mit Gewalt – herbeizuführen, da die vertraglich zugesicherte gesamtvietnamesische Wahl von Saigon und Washington verhindert worden war. In der zweiten Hälfte der 1950er-Jahre herrschten **bürgerkriegsähnliche Zustände**. **Südvietnam** erhielt von den USA massive wirtschaftliche und militärische Unterstützung; die Armee wurde von amerikanischen Militärberatern ausgebildet, während **Nordvietnam** auf die Hilfe der chinesischen und sowjetischen Verbündeten zählen konnte. Die Kämpfe jedoch wurden bis 1965 ausschließlich von Vietnamesen geführt.*

*Der **Beschluss zur Stationierung von Kampftruppen** in Südvietnam, den **US-Präsident Lyndon B. Johnson** im März 1965 traf, stellte den entscheidenden Wendepunkt dar. Keine drei Jahre später waren bereits über 500.000 US-Soldaten im Land stationiert und befanden sich in einem immer brutaler geführten Krieg. **Massive Bombardierungen** des Nordens, der Einsatz von chemischen, dioxinhaltigen **Entlaubungsmitteln („Agent Orange")** sowie das rücksichtslose Vorgehen gegen die Zivilbevölkerung waren Kennzeichen dieses Krieges.*

*Parallel zu der militärischen Eskalation kam es in der westlichen Welt zu einer **Antikriegsbewegung**, die die US-Führung mehr und mehr unter moralischen Druck setzte. Den Versprechen der Generäle, dass der Krieg in naher Zukunft siegreich beendet werde, glaubten immer weniger Menschen. Die anfänglichen Erfolge der nordvietnamesischen **Tet-Offensive**, die 1968 die Weltöffentlichkeit überraschte, sowie das Bekanntwerden **amerikanischer Massaker und Kriegsverbrechen** an Zivilisten führten zu einer deutlichen Stärkung der*

Saigon entdecken
Erlebenswertes im Zentrum (Distrikt 1)

Opfer einer Mine: ein US-Kampfpanzer in Cu Chi ⓲

kumentationen über Zerstörung und Tod, die **chemische Kriegsführung** durch dioxinhaltige Entlaubungsmittel, aber auch die **internationale Resonanz** auf den Krieg oder die Solidaritätsbekundungen und Unterstützungsaktionen anderer Nationen.

Obwohl das Museum das **finsterste Kapitel der vietnamesischen Geschichte** in den Fokus stellt, ist der Besuch – will man das Land und seine Menschen wirklich verstehen – eine touristische Pflichtaufgabe. Jedoch sollten sich empfindliche Personen auf teils grausame Darstellungen gefasst machen.

› 28 Vo Van Tan, http://warremnants museum.com, Tel. 08 39305587, geöffnet: tgl. 7.30–12 u. 13.30–17 Uhr, Eintritt: 15.000 Dong (ca. 0,75 US$)

Antikriegsbewegung. Trotz bereits begonnener Friedensverhandlungen in Paris wurden die Kämpfe mit unverminderter Härte fortgeführt.

Die „Vietnamisierung" des Konflikts war zu Beginn der 1970er-Jahre das Zauberwort amerikanischer Politiker und Diplomaten. Die USA wollten sich so aus dem von ihnen verursachten Desaster zurückziehen und die beiden Vietnams den Krieg alleine weiterführen lassen. Um eine Niederlage zu vermeiden, sollte der Süden des Landes aber weiter mit Waffenlieferungen, Finanzspritzen und dem Einsatz der US-Luftwaffe unterstützt werden. Nach dem **Abzug der letzten US-Kampftruppen** *im Frühling 1973 sollte das südvietnamesische Militärregime noch zwei Jahre fortbestehen. Am 30. April 1975 beendeten nordvietnamesische Panzerspitzen mit dem Einmarsch in Saigon den 30 Jahre währenden Indochinakonflikt, der mit der Rückkehr der französischen Kolonialmacht 1945 seinen Ausgang genommen hatte. Allein in den letzten zehn Jahren hatte er mindestens zwei Mio., nach anderen Schätzungen sogar* **bis zu vier Mio. Vietnamesen das Leben gekostet.** *Die* **Amerikaner** *hatten rund* **58.000 Gefallene** *zu betrauern.*

⓯ History Museum (Bao Tang Lich Su) ★★ [F2]

Schon das Äußere des Geschichtsmuseums macht neugierig auf sein Innenleben: ein im klassischen Gelbton gehaltener, sino-französischer Architekturentwurf, romantisch eingebettet in das üppige Grün des angrenzenden Botanischen Gartens und des Zoos.

Von der französischen Kolonialmacht im Jahr 1929 eingeweiht, firmierte das Haus bis 1956 unter dem Namen **Musée Blanchard de la Brosse** und diente als repräsentative **Ausstellungshalle der Gesellschaft für Indochinastudien.** Seit 1979 ist es das bedeutendste Museum über vietnamesische Geschichte im Süden des Landes.

In insgesamt **17 Galerien** wird die **lange Entwicklungsgeschichte Vietnams** von der prähistorischen Epoche über die Oc-Eo- und Funan-Zeit (ca. 1.–7. Jh. n. Chr.), die Blüte der

Saigon entdecken
Erlebenswertes im Zentrum (Distrikt 1)

Cham-Kultur (9.–10. Jh. n. Chr.) und die diversen Dynastien im Mittelalter bis zum fast endlosen Kampf der vietnamesischen Fürstenhäuser gegen die chinesische Unterdrückung dargestellt. Die **Nguyen-Dynastie** 1802–1945 stellt das museale Schlusskapitel dar.

Unterfüttert und illustriert werden die Epochen mit historischen Darstellungen und Abbildungen, aber auch mit einer Vielzahl an **archäologischen Artefakten** aus den letzten 2000 Jahren indochinesischer Geschichte. Neben skulpturalen Kostbarkeiten aus dem **Champa-Reich**, wie der aus Sandstein geschaffenen, ausgesprochen anmutig modellierten **Göttin Devi** (im zweiten Teil der Galerie 6), ist auch die **Halle der Khmer-Kultur** von großem Interesse. Wer nämlich das Nationalmuseum von Phnom Penh oder die Tempelanlagen von Angkor Wat in Kambodscha nicht selbst besuchen kann, dem wird hier ein erster Eindruck der künstlerischen Schaffenskraft dieses mächtigen Reiches vermittelt (Galerie 13).

Das Museum grenzt an den **Botanischen Garten** und den **Zoo** von Saigon, dessen Besuch wahren Tierfreunden nicht empfohlen werden kann: Die Tierhaltung ist alles andere als artgerecht.

Der **Haupteingang** befindet sich in einem atriumartigen Innenhof, der von der Nguyen-Binh-Kiemh-Straße [F/G2] erreicht werden kann. Im Museum selbst folgt man am besten **dem ausgeschilderten Rundweg**, der dann wieder am Ein- und Ausgang endet. Dort befinden sich auch mehrere **Souvenir- und Buchläden.**

› 2 Nguyen Binh Khiem, www.baotanglichsuvn.com, Tel. 08 38298146, geöffnet: Di.–So. 8–11.30 u. 13.30–17 Uhr, Eintritt: 15.000 Dong (ca. 0,75 US$)

> **LITERATURTIPP**
>
> **Die Geschichte Vietnams**
> Wer sich ausgiebiger mit der vielschichtigen und abwechslungsreichen Geschichte Vietnams befassen möchte, dem sei das Buch „Ancient Vietnam" ans Herz gelegt. In zwei grundsätzliche Teile – „Champa" und „The Viet Land" – gegliedert, bietet dieses Werk eine detailreiche und profunde Darstellung der kulturellen, religiösen und gesellschaftlichen Entwicklung Vietnams. Die interessanten Texte werden von hervorragenden Fotos flankiert und lassen somit das Beschriebene sehr lebendig werden. Eine grundsolide Verarbeitung und ausgesprochen hochwertiges Papier runden den erstklassigen Gesamteindruck ab. Das Buch ist leider nur auf Englisch oder Französisch erhältlich.
> › Schweyer, Anne-Valérie. **Ancient Vietnam. History, Art and Archaeology.** River Books, Bangkok 2011, mit Fotos von Paisarn Piemmettawat.

⓰ Pagode des Jadekaisers (Chua Ngoc Hoang) ★★★ [E1]

Halbdunkles Zwielicht, unheimliche Skulpturen, andächtig Betende und das alles umgeben vom wohlriechenden, wabernden Qualm der Räucherstäbchen: Die eindrucksvolle Pagode der Jadekaisers erfüllt die westliche Vorstellung des mystischen, rätselhaften Asiens.

Der interessierte Reisende lernt in Vietnam schnell, dass sich hinter dem Begriff *Chua* (Pagode) eine religiöse Stätte verbirgt. Eine *Chua* bezeichnet eigentlich immer einen **buddhistischen Tempel**. Die Chua Ngoc Hoang ist jedoch eine der klassischen Ausnahmen, die die Regel be-

Saigon entdecken
Erlebenswertes im Zentrum (Distrikt 1)

stätigen. Sie ist im Kern nämlich eine **daoistische Wallfahrtsstätte chinesischer Prägung**. Da in der Tempelanlage aber auch buddhistischen Gottheiten gehuldigt wird, dürften die pragmatischen Vietnamesen dennoch den Terminus *Chua* gewählt haben.

Chinesische Immigranten aus der Provinz Kanton ließen den Tempel 1909 errichten und erkoren ihn zu ihrem religiösen Zentrum. Er besteht aus zwei parallel angeordneten, lang gezogenen Gebäuden.

Betritt man das Areal durch den **Haupteingang im Nordosten**, erstreckt sich vor den eigentlichen Tempelbauten eine **kleine Parkanlage** mit altem Baumbestand und **zwei Teichen**. Besonders der direkt an den Tempel anschließende Tümpel ist bei einheimischen Besuchern sehr populär. Er ist bevölkert von **Dutzenden von Schildkröten**, die in dem trüben Wasser behäbig ihre Bahnen ziehen oder lethargisch in der Sonne faulenzen. Die gepanzerten Tierchen symbolisieren ein langes Leben und werden dem Heiligtum von Gläubigen gespendet, die so auf ein gutes Karma für ihr nächstes Leben hoffen.

Im **Hauptgebäude** wird der Besucher von verschiedenen Generälen und Wächterfiguren, die jeweils an den Längsseiten platziert sind, begrüßt. In der Mitte des Tempels steht ein **Altar**, auf dem **fünf buddhistische Gottheiten** aufgereiht sind. Eine davon ist **Maitreya**, der Buddha der Zukunft, der sich in der Mitte befindet. Am Kopfende der länglichen Halle thront in zentraler Position der Namensgeber des Tempels: **Ngoc Hoang**, der **Jadekaiser**, der von seinen allgegenwärtigen Leibwächtern umringt wird, den „vier Diamanten". Im daoistischen Götterpantheon ist der Jadekaiser die höchste Instanz, der Herrscher über Himmel und Erde. Seine hohe Stellung erkennt man auch an seinen kostbaren Gewändern.

◩ Unzählige Kerzen sorgen für eine andächtige Stimmung in der Pagode des Jadekaisers

Entdeckungen in Cholon (Chinatown)

Im **Nachbargebäude** wimmelt es ebenfalls von weiteren Gottheiten und Würdenträgern des Daoismus. Chef ist hier **Thang Hoang**, der **Vorsteher der Hölle**. In dessen Nähe ist immer ein **rotes Pferd**, sein Reittier, zu finden. Die vier Männer mit den auffälligen Hüten (Thuong Thien Phat Ac) sind so etwas wie religiöse Justitias. Sie bestrafen Fehlverhalten rigoros, honorieren aber gleichfalls gute Taten. Was bei Fehlverhalten auf einen zukommen kann, wird detailliert und brutal auf den seitlichen **Holzreliefs** dargestellt. Besonders populär und hoch frequentiert ist die Darstellung der **Quan Am Thi Kinh**, der **Beschützerin von Mutter und Kind**, die stets mit einem Sohn im Arm dargestellt wird. Fast ausschließlich wird sie von Gläubigen weiblichen Geschlechts aufgesucht, die sich für ihren Nachwuchs bedanken oder – noch häufiger – bisher vergeblich auf Nachwuchs hofften. Ein Gebet vor der Göttin, häufig kombiniert mit einer Spende, soll dem **Kinderwunsch** auf die Sprünge helfen.

Auch für Atheisten und spirituelle Muffel lohnt sich ein Besuch des „Tempels des Jadekaisers", da man nur an wenigen Orten in der Stadt **dem Volksglauben so nahe kommt**. Die Gläubigen lassen sich nicht von den Touristen stören, sondern gehen ihrem Gebet mit stoischer Ruhe nach. Auch Fotografieren ist kein Problem, jedoch sollte man eine gewisse Zurückhaltung üben und auf jeden Fall den Blitz ausschalten.

› 73 Mai Thi Luu, Tel. 08 38203102, geöffnet: tgl. 7 – 17 Uhr, Eintritt: frei

Entdeckungen in Cholon (Chinatown)

Erst seit 1931 gehört Cholon, der chinesisch geprägte Distrikt 5 und kleinere Teile von Distrikt 6, zur Stadt Saigon. Über Jahrhunderte hinweg war Cholon eine eigenständige Stadt, deren Bewohner zu großen Teilen aus den südlichen Provinzen Chinas nach Vietnam eingewandert waren. Wie in fast allen chinesisch geprägten Siedlungen weltweit dominierte der Warenhandel und sorgte schnell für Wohlstand. Besonders in der ersten Hälfte des 20. Jh., aber auch noch bis in die 1970er-Jahre galt Cholon als Sündenpfuhl Vietnams. Anfangs Opiumhöhlen und illegale Spielklubs, später Heroinhandel und Prostitution – all dies fand hier eine lukrative Heimstätte. Da wundert es auch nicht, dass die heimlichen Herrscher Cholons aus der organisierten Kriminalität stammten. Erst nach 1975 wurde diese von staatlicher Seite offensiv bekämpft. Eins ist aber bis heute gleich geblieben: Die chinesischstämmigen Vietnamesen dominieren das ausgesprochen lebendige Straßenbild; Reklameschilder mit chinesischen Schriftzeichen sind in Cholon allgegenwärtig.

17 Cho Binh Tay (Binh-Tay-Markt) ★★★   [X11]

Die Fassade der größten Markthalle Cholons weist mit ihren dekorativen, chinesisch geprägten Verzierungen ganz eindeutig ins Reich der Mitte. Das funktionale Innenleben des Bauwerks überrascht mit einer überaus quirligen Lebendigkeit, die typisch für das Wirtschaftsleben in diesem chinesisch-vietnamesisch geprägten Stadtteil ist.

Saigon entdecken
Entdeckungen in Cholon (Chinatown)

Seit den späten 1920er-Jahren tobt in dem **gelblich-ockerfarbigen Bauwerk**, einem **kolonialarchitektonisch-chinesischen Stilmix**, das kunterbunte, teils hyperaktive Händlertreiben. Der chinesischstämmige **Quach Dam** (1863–1927), der seine Kaufmannskarriere als bettelarmer Müll- und Lumpensammler begonnen hatte und über die Jahrzehnte zu einem der reichsten Männer Cholons geworden war, hatte die Idee und das Kapital, um eine solch **gigantische Markthalle** zu bauen. Da das alte Marktgebäude aus allen Nähten platzte, kaufte Quach Dam das 25.000 m² große Areal und ließ dort nach dem neusten Stand der damaligen Bautechnik einen Stahlbetonkoloss errichten.

Der **Haupteingang** wird – ähnlich wie beim Cho Ben Thanh ❸ im Distrikt 1 – von einem **markanten Uhrturm** gebildet. Man kann den Markt selbstverständlich auch über die diversen Nebeneingänge betreten. Im Inneren wird man umgehend von einem unglaublichen Gewimmel überrascht: Rund **1500 Verkaufsstände** haben sich auf **zwei Ebenen** angesiedelt und unzählige Kunden, Verkäufer und Lieferanten teilen sich den knappen Raum zwischen den ausufernden Verkaufsflächen.

Für Besucher aus der westlichen Hemisphäre ist vor allem das **östliche Areal im Erdgeschoss** faszinierend: Dort erhält man **exotische Gewürze**, fernöstliche **Naturmedizin** in pulverisierter, flüssiger oder sonst wie aufbereiteter Form, jede erdenkliche **Tropenfrucht** – sowohl frisch als auch getrocknet (köstlich sind die Jackfruit-Chips!) –, kostspielige **Schwalbennester** für Suppen oder man informiert sich vor Ort über die unzähligen **chinesischen Potenzmittel**. Daneben lassen sich aber auch

> **KLEINE PAUSE**
>
> **Eiskaffee – ca phe sua da**
> Im **hinteren, südlichen Teil des Cho Binh Tay** ⓱ befinden sich diverse **Garküchen**. Neben Nudelsuppen, Reisgerichten und anderen vietnamesischen Köstlichkeiten werden auch Kaltgetränke serviert. Man nimmt einfach auf einem der winzigen Schemel Platz und bestellt sich ein Erfrischungsgetränk. Besonders populär ist der Eiskaffee. Bestellt man einen „ca phe sua da", dann erhält man den **mit süßer Kondensmilch verfeinerten Kaffee auf Eiswürfeln**. Wem die Eiswürfel aus hygienischen Gründen nicht ganz geheuer sind, der kann auch zwischen diversen **Flaschengetränken** wählen, die stets mit Strohhalm kredenzt werden.

▷ *Eine große Uhr markiert den Haupteingang des Binh-Tay-Marktes*

Entdeckungen in Cholon (Chinatown)

Textilien, Schuhe, Küchenartikel, Süßwaren oder religiöse Zeremonialgegenstände erstehen. Gegen die Warenvielfalt des Cho Binh Tay ist ein mitteleuropäisches Warenhaus ein besserer Tanta-Emma-Laden!

Auch sind einheimische Kunden sehr zahlreich vertreten, da der Binh-Tay-Markt eher eine **Handelstätte für Großkunden** ist. Hier decken sich Restaurants mit Tellern, Schüsseln und Besteck ein; kleinere Händler von anderen Märkten der Stadt stocken hier ihre Vorräte en gros auf. Deshalb gestaltet es sich für Touristen mitunter als schwierig, etwa einen einzelnen Hut oder ein Paar Flipflops zu erstehen. Das sollte man aber nicht persönlich nehmen, da die Händler die nötige Gewinnmarge oftmals nur durch Großverkäufe erreichen können. Andererseits, vergleicht man das Verhalten mit dem Verkaufsgebaren auf arabischen Märkten, kann es durchaus angenehm sein, einfach mal ignoriert zu werden (s. Tipps zum Handeln S. 16).

Wer sich ein wenig vom Markttrubel erholen will, der sollte das **Zentrum** der Markthalle aufsuchen. In dem **kleinen, atriumartigen Innenhof** kann man sich auf einigen Bänken,

Vietnam – China: ein schwieriges Verhältnis

*Schon um das Jahr 100 v. Chr. war es um das Verhältnis der beiden Völker nicht gut bestellt. Die **mächtigen chinesischen Dynastien** sahen das Gebiet des heutigen Nordvietnams als Bestandteil ihres gigantischen Reiches. Im Jahr 111 v. Chr. wurde der vietnamesische Widerstand gebrochen und **das nördliche Vietnam in das chinesische Kaiserreich integriert**. Dieser Zeitabschnitt ging als die „1000-jährige Epoche der chinesischen Dominanz" in die Geschichtsbücher ein. Erst im Jahr 938 - nach diversen erfolglosen Versuchen - besiegte ein vietnamesischer Fürst bei der Schlacht am Bach-Dang-Fluss die chinesische Invasionsflotte. Die folgenden Jahrhunderte waren geprägt von einem **Kräftemessen beider Völker**. Immer wieder drängten die chinesischen Kaiser gen Süden und immer wieder kam es zu militärischen Konfrontationen, denen sich mehrfach kürzere Perioden chinesischer Dominanz anschlossen. Auch gesellschaftlich war der Einfluss des großen Nachbarn unübersehbar: **Konfuzianische Ideale** und damit einhergehende staatliche Institutionen bestimmten die Organisationsstruktur Vietnams. Die **chinesischen Schriftzeichen** wurden erst Mitte des 20. Jh. durch das westliche Alphabet abgelöst.*

*Erst nach dem **Sieg der Kommunisten unter Mao Tse-tung** (1893-1976) und dem Erstarken der **antikolonialen Bewegung unter Ho Chi Minh** (s. S. 68) in den späten 1940er-Jahren kam es **ideologisch** zu einer **Annäherung**. Peking unterstützte die vietnamesischen Unabhängigkeitskämpfer militärisch und logistisch im Kampf gegen Frankreich. Während des **Vietnamkriegs** (s. S. 82) erhielt Hanoi sowohl chinesische als auch sowjetische Hilfe.*

*Doch nach dem nordvietnamesischen Sieg kühlten die Beziehungen rapide ab. Streitpunkte waren schon länger schwelende **Territorialstreitigkeiten** wie auch das **vietnamesisch-kambodschanische Verhält-***

Saigon entdecken
Entdeckungen in Cholon (Chinatown)

umgeben von Pflanzen und kleinen Bäumchen, ausruhen. Dort befindet sich auch das von Löwen- und Drachenstatuen bewachte **Denkmal des Marktgründers Quach Dam.**

› 57 A Thap Muoi (Phuong 2, Distrikt 6), Buslinie 1 ab Haltestelle Cho Ben Than (Fahrzeit 20–25 Min.), www.chobinhtay.gov.vn, geöffnet: tgl. 7–17 Uhr

⑱ Mieu Thien Hau (Thien-Hau-Tempel) ★★★ [Z10]

Im Herzen des chinesisch geprägten Cholon befindet sich – wie kaum anders zu erwarten – eine der impo- santesten Tempelanlagen der chinesisch-vietnamesischen Minorität in Ho-Chi-Minh-Stadt.

Vor über 250 Jahren finanzierten und errichteten **Kanton-Chinesen** in Cholon eine **religiöse Versammlungshalle** für ihre Landsleute. Der heutige Tempelkomplex existiert bereits seit 1830 an exakt dieser Stelle. Gewidmet ist er **Thien Hau** (s. S. 91), der „Gemahlin des Himmels", einer der bedeutendsten Gottheiten der chinesischen daoistisch-buddhistischen Glaubenswelt. Insbesondere in den Küstengebieten wird Thien Hau verehrt. Kein Wunder, gilt sie doch als

nis: Spannungen zwischen Hanoi und dem Regime der Roten Khmer in Phnom Penh, das massiv von China protegiert wurde, eskalierten schließlich um den Jahreswechsel 1978/79. Vietnamesische Divisionen marschierten in Kambodscha ein, besetzten die Hauptstadt Phnom Penh und vertrieben die Roten Khmer in die abgelegenen Dschungelregionen Westkambodschas. Als Antwort darauf griff sechs Wochen später - im Februar 1979 - die chinesische Volksarmee in einer sogenannten Strafexpedition den Norden Vietnams an. In den drei Wochen tobenden Kämpfen kamen insgesamt bis zu 40.000 Soldaten ums Leben; vietnamesische Städte in der Grenzregion wurden schwer beschädigt. Obwohl beide Seiten den Sieg für sich reklamierten, war nichts erreicht und die Chinesen zogen sich wieder über die Grenze zurück. In dieser Zeit hatten die ethnischen Chinesen in Cholon und anderswo besonders zu leiden. Ihre Geschäfte wurden geschlossen und Enteignungen fanden statt, denn das Klima in Vietnam war *dezidiert antichinesisch. Das führte zu einer großen Auswanderungswelle: Viele der Boatpeople, die im Westen Aufnahme fanden, waren Vietnamesen mit chinesischen Wurzeln.*

Erst in den 1990er-Jahren näherten sich die verfeindeten Staaten einander wieder an, wenn auch sehr zögerlich. Dies zeigt sich vor allem an den Außenhandelsbeziehungen: Noch 1991 wurden lediglich Waren im Wert von 32 Mio. US$ ausgetauscht, 20 Jahre später überschritt der bilaterale Warenaustausch bereits die Marke von 25 Mrd. US$. Dennoch gibt es bis heute ungelöste Territorialfragen, wobei insbesondere die im Südchinesischen Meer gelegenen Paracel- und Spratley-Inseln im Fokus stehen. Dort werden gigantische Erdgas- und Erdölvorkommen vermutet. Regelmäßig kommt es zu Scharmützeln zwischen vietnamesischen und chinesischen Flotteneinheiten. Auch wenn beide Rivalen offiziell gut befreundet sind, sitzt das Misstrauen aus der über 2000-jährigen gemeinsamen Geschichte nach wie vor tief.

Saigon entdecken

Entdeckungen in Cholon (Chinatown)

Beschützerin der Fischer, Seeleute und aller auf den Weltmeeren Reisenden.

Der Tempel Mieu Thien Hau liegt **mitten im Häusergewirr** des Distrikts 5 und ist von drei Himmelsrichtungen aus praktisch nicht zu sehen. Nur in südlicher Richtung öffnet er sich zur **Nguyen-Trai-Straße** [Z10] hin – hier befindet sich auch der von einem hohen Metallzaun eingefasste **Eingangsbereich**.

Jeden Morgen aufs Neue werden an dieser Stelle einige mobile Verkaufsstände aufgebaut. Neben den allgegenwärtigen Garküchen entdeckt man auch **Vogelhändler**, die ihre lebendige Ware in winzigen Käfigen halten. Ungewöhnlich ist jedoch, dass die Kunden ihre frisch erstandenen Piepmätze nach wenigen Sekunden **in die Freiheit entlassen**. Das gilt nämlich als **gute Tat** und soll das Karma bei der nächsten Rückkehr auf die Welt verbessern: Wer möchte schon als Käfer oder Ratte wiedergeboren werden?!

Direkt hinter den Händlern erhebt sich das **Torgebäude**, das mit den **typischen roten Lampions** geschmückt ist. Architektonisch interessant ist der zur Straße hin gewandte **Dachfirst**. Er ist mit einer **Vielzahl an Figuren, Skulpturen und Tierabbildungen** aus glasierter Keramik verziert und steht neben seiner mythologischen Bedeutung auch für die exzellente und hochwertige Handwerkskunst seiner Erbauer. Innerhalb des Tempels setzen sich die steingewordenen Legenden rechts und links am First des Innenhofs fort.

Hier hüllt den Besucher sofort der Dunst der vielen **Räucherstäbchen** ein. Dabei werden die Räucherstäbchen – oftmals haben sie die Dimension eines halben Besenstils – nach dem Entzünden in riesige, zumeist mit Sand gefüllte Behältnisse gesteckt. Unter der Decke hängen große **Räucherspiralen**, deren Brenndauer bis zu einem Monat betragen kann. Vorsicht, die herabfallende Asche kann die Kleidung beschmutzen. Die Rauchzeremonien haben alle das gleiche Ziel: Sie sollen die Gebete und Wünsche der Gläubigen zu den Göttern in den Himmel tragen.

Räucherspiralen, so weit das Auge reicht: im Mieu Thien Hau ⑱

Die Legende der Thien Hau

*Vor langer, langer Zeit ... – so wie fast alle Märchen oder Legenden beginnen, nimmt auch die **Geschichte einer Fischerstochter** ihren Anfang. Auf der **winzigen Insel Meizhou,** direkt gegenüber von Taiwan vor der chinesischen Küste gelegen, wird im Jahr 960 ein kleines Mädchen geboren. Die siebte Tochter des Fischers Lin ist sehr ungewöhnlich, denn sie schreit nie - schon bei ihrer Geburt ist sie still und wird deshalb **Moniang** getauft: „**stilles Mädchen".** Als Teenager werden ihre übermenschlichen Kräfte offensichtlich. Während eines schweren Sturms, ihr Vater und ein Bruder befinden sich mit dem Fischerboot auf dem Meer, betet die Familie für die sichere Heimkehr der beiden. Moniang fällt dabei in einen **Trancezustand** und ihre Mutter sorgt sich, dass ihre Tochter sterben könnte. Sie rüttelt Moniang, die erschrocken ihren Mund aufreißt, wach. In ihrem jenseitigen Bewusstseinszustand hatte die Tochter Vater und Bruder in ihre Mundhöhle aufgenommen und so **vor dem Ertrinken gerettet.** Aus dem aufgerissenen Mund fällt nun ihr Bruder zurück in die tosende See und ertrinkt. Der Vater kehrt sodann allein, aber wohlbehalten nach Meizhou zurück und berichtet von der wundersamen Rettung aus dem Taifun, dem alle anderen Fischer der Insel zum Opfer gefallen sind. Die wundersame Geschichte verbreitet sich wie ein Lauffeuer; die junge Frau wird zu einer **Quasi-Heiligen.** Im Alter von 28 Jahren verstirbt die jungfräuliche Moniang bei einer Bergwanderung: Die Götter wollen sie bei sich im Himmel haben.*

*Spätestens seit dem frühen Mittelalter ist das Mädchen eine der bedeutendsten Persönlichkeiten im daoistischen (und teils auch buddhistischen) Götterpantheon und wird als **Schutzpatronin aller Seefahrer** verehrt. Durch die ausgesprochen weitgereisten chinesischen Kaufleute hat sie ihren Weg auch in viele andere Regionen Asiens gefunden. Insgesamt sind ihr weltweit über 1500 Tempelanlagen gewidmet, sogar in den Vereinigten Staaten. Dem Gros der chinesischen Gemeinschaften in aller Welt ist die Heilige als **Mazu** bekannt, während sie in Vietnam, aber auch in Hongkong, unter dem Namen **Thien Hau oder Tin Hau** verehrt wird. Die obige Schilderung der Thien-Hau-Legende ist nur eine von vielen. Berichte über ihr Leben und die Rettung aus stürmischer See gibt es in fast **unzähligen Variationen.** Deshalb sollte man sich nicht wundern, wenn der lokale Reiseleiter vor Ort eine abweichende Geschichte erzählt. Allerdings ähneln sich fast alle Legenden in einem Punkt: Bis zu ihrem 15. Lebensjahr konnte die Schutzheilige der Seefahrer nicht einmal selber schwimmen!*

Das **höchste Heiligtum** befindet sich im hinteren Teil der Weihestätte. Am **Hauptaltar** huldigen die Gläubigen gleich **drei vergoldeten, hintereinander angeordneten Statuen von Thien Hau.** Auf dem Schrein rechts davon thront die Himmelsmutter Long Mau, die für Wohlstand und monetäre Angelegenheiten verantwortlich zeichnet, während zur Linken **Kim Hoa Thanh Mau** verehrt wird. Sie ist die **Fruchtbarkeitsgöttin**, die bei

EXTRATIPP

Chinesische Heilkunde

Weltweit verbindet man das chinesische Geschäftsleben mit prosperierendem Handel. Eine mindestens genauso alte Tradition ist die **Medizin aus dem Reich der Mitte**. Hunderte von natürlichen Wirkstoffen und Mitteln wurden dabei in den letzten 2000 Jahren entdeckt und therapeutisch eingesetzt. Von besonderem Interesse sind die oftmals **exotischen bis skurrilen Bestandteile** alternativer Arzneimittel. So verwundert es kaum, dass auch die Chinesen in Cholon entsprechende Angebote besitzen. Nur **wenige Gehminuten vom Thien-Hau-Tempel** ⑱ entfernt, kann man „Apotheken" und urige Kräuterlädchen besuchen, die getrocknete Baumrinde, pulverisierte Tierknochen oder schwer definierbare Tinkturen im Angebot haben.

❯ Kreuzung Hai Thuong Lan Ong/Trieu Quang Phuc [Z11], Cholon. Hier und weiter nördlich findet man eine Vielzahl entsprechender Fachgeschäfte.

Kinderlosigkeit aufgesucht wird oder bei der sich Frauen bedanken, deren Kinderwünsche erfüllt wurden.

Übrigens kann man auch als nichtgläubiger Besucher zu den Rauchschwaden beitragen und für eine sichere Reise beten. An einem Tresen links vom Hauptaltar kann man für wenige Tausend Dong **Räuchergut erstehen** und dann selbstständig entzünden.

❯ 710 Nguyen Trai (Distrikt 5), Buslinie 1 ab Cho Ben Thanh ❸ (Haltestelle: 695 Nguyen Trai, Fahrzeit 20–25 Min.), geöffnet: tgl. 6–18 Uhr, Eintritt: frei

Ziele außerhalb der Stadt

⑲ Tunnel von Cu Chi ★★★ [s. Umgebung]

Die Brutalität und die Unmenschlichkeit des Zweiten Indochinakrieges (s. S. 82) ist in Cu Chi noch heute psychisch und physisch erfahrbar: Das Tunnelsystem der Vietcong wird dort in einem großflächigen Freilichtmuseum museal dargestellt. Interessierte können die klaustrophobische Enge am eigenen Leibe erfahren.

Bereits im Konflikt mit den französischen Besatzern in den späten 1940er-Jahren hatten die Unabhängigkeitskämpfer **unterirdische Verstecke** in einigen Regionen des Landes errichtet, um sich bei Tageslicht vor ihren Gegnern verbergen zu können. Mit dem Einmarsch der US-Truppen in den 1960er-Jahren griff man auf diese bestehende militärische Infrastruktur zurück und baute die Tun-

◁ *Heute sind sie erweitert und beleuchtet: die Tunnel von Cu Chi*

Saigon entdecken
Ziele außerhalb der Stadt

nelsysteme massiv aus. In der Region Cu Chi entstand dabei ein **Tunnelnetzwerk von über 200 km Länge**. Die Infrastruktur bestand aus sehr schmalen und niedrigen **Gängen**, engsten **Schlaf- und Aufenthaltsräumen**, **Kochnischen** mit ausgeklügelten Entlüftungssystemen und sogar **Krankenstationen** – und das alles mehrere Meter unter der Erde.

Die **Vietcong-Kämpfer** hielten sich hier bei Tage auf, um nächtens, im Schutz der Dunkelheit, ihre militärisch übermächtigen Feinde zu attackieren. Die **winzigen Zugänge** zur Unterwelt waren durch **Buschwerk und Laubtarnung** praktisch unsichtbar. Der US-Führung waren die unterirdischen Verstecke grundsätzlich bekannt und das US-Militär leitete diverse **erfolglose Gegenmaßnahmen** ein: Man pumpte gigantische Wassermassen in die Tunnel, leitete Tränengas hinein, bombardierte die Gegend großflächig mit B52-Bombern, versprühte Entlaubungsmittel, schüttete die Eingänge mit Bulldozern zu und verwandelte die üppig bewachsenen Areale in Mondlandschaften. Am Ende wurden sogar **Spezialeinheiten** mit zierlichen und eher kleinwüchsigen Soldaten aufgestellt – denn normal gebaute GIs blieben bereits in den Eingangslöchern stecken. Doch selbst diese „Tunnelratten" scheiterten im Kampf unter der Erde.

Im **Museumsareal** von Cu Chi kann man 40 Jahre nach dem Fall Saigons das Grauen des Krieges nachvollziehen. Durch einen **breiten Betontunnel** gelangt man in das **Freilichtmuseum**. Die meisten Führungen beginnen mit einer **Filmvorführung** zum Thema. Leider ist die Film- und Tonqualität des Schwarz-Weiß-Streifens sehr mäßig und die propagandistische Musikuntermalung alles andere als zeitgemäß. An den cineastischen Vortrag schließen sich **lebendige Darstellungen des Alltags unter der Erde** an, die von nachgebauten Werkstätten bis zu den Hängematten der Vietcong reichen. Der Perfidie des Krieges wird insbesondere an den **grausamen Fallen** mit eisernen Widerhaken oder den **Fallgruben**, die im Bodenbereich mit angespitzten Bambusstäben ausgekleidet sind, deutlich.

Die winzigen Tunneleingänge waren gut getarnt und für Unwissende nur durch Zufall zu entdecken

Saigon entdecken
Ziele außerhalb der Stadt

Für die ganz Mutigen unter den Besuchern besteht auch die **Möglichkeit, in einen einige Dutzend Meter langen Tunnel hinabzusteigen.** Obwohl dieser unterirdische Pfad für beleibte Touristen massiv erweitert wurde, kann man die letzten Meter nur auf allen Vieren krabbeln. Der heutige Tunnel ist im Gegensatz zu damals sogar **beleuchtet.** Trotzdem sollten Menschen mit Platzangst auf dieses stickige und schweißtreibende Erlebnis besser verzichten.

Das eindrucksvolle und gleichsam erschütternde Erlebnis von Cu Chi wird am Ende leider durch die **Schießanlage** konterkariert: Mit den Originalwaffen der Kriegsgegner wie dem US-amerikanischen G16-Gewehr oder der Kalaschnikow AK 47 kann man – mit scharfer Munition – auf leere Tonnen oder Zielscheiben ballern (pro Schuss 1–2 US$, je nach Waffe). **Souvenirshops** mit militärischen Devotionalien und **Erfrischungskioske** schließen den Besuch ab.

❯ Cu Chi, ca. 65 km nordwestlich von Saigon, Fahrzeit: ca. 1,5–2 Std., Eintritt: 90.000 Dong (ca. 4,50 US$)

❯ Fast alle Reisebüros der Stadt bieten **Halbtagestouren nach Cu Chi** an. Die günstigsten Anbieter verlangen 5 US$ pro Person. Dabei erreicht die Gruppengröße manchmal 30 oder mehr Personen und der Eintrittspreis vor Ort ist nicht enthalten. Exklusive Touren für zwei Personen und einen privaten Reiseführer kosten ab ca. 90 US$. Eine Empfehlung ist die Halbtagestour von **Saigon Stadtführung** (s. S. 120) mit dem Schnellboot (ca. 60 €), die sich gegen Aufpreis auch auf Deutsch buchen lässt. Der Anbieter hat zudem Kombitouren mit dem Cao-Dai-Tempel ⓴ im Angebot. Auch **Saigon River Express** (s. S. 122) bietet **Bootstouren** nach Cu Chi an.

⓴ Cao-Dai-Tempel in Tay Ninh ★★ [s. Umgebung]

Ein riesiges Gotteshaus in Tay Ninh, das sich ca. 100 km nordwestlich von Saigon in der Nähe der kambodschanischen Grenze befindet, ist für die Anhänger des Caodaismus ungefähr so bedeutend wie der Petersdom in Rom für die Katholiken.

„Caodaismus? Noch nie gehört!" ist ein Satz, den man häufig vernimmt. Der **Caodaismus** existiert in Vietnam erst **seit Mitte der 1920er-Jahre.** Von einem vietnamesischen Beamten im Dienste der Kolonialverwaltung begründet, sollte diese neue Glaubensrichtung in den kommenden Jahrzehnten einen enormen Zulauf erhalten und sich als eine der führenden religiösen Kräfte im Süden Vietnams etablieren.

Der Caodaismus ist ein klassisches Beispiel des **Synkretismus**, also einer Glaubensrichtung, die sich großzügig bei bereits existierenden Religionen bedient. So beruft man sich auf **Elemente des Buddhismus, Daoismus, Katholizismus** und anderer, kleiner Religionen. Große Persönlichkeiten vergangener Jahrhunderte wie Johanna von Orleans, der chinesische Revolutionär Sun Yat-sen oder Isaac Newton werden als Quasi-Heilige verehrt. Die **strikte innerkirchliche Hierarchie** lehnt sich an das katholische Vorbild an und die Würdenträger tragen rote, blaue oder gelbe Roben. Die einfachen Gläubigen kleiden sich in weiße Gewänder. Das Oberhaupt der Kirche ist der **caodaistische Papst.** Der erste Papst namens Le Van Trung starb jedoch bereits 1934, nur weni-

▷ *Die Caodaisten mögen es bunt: die religiöse Zentrale in Tay Ninh*

Saigon entdecken
Ziele außerhalb der Stadt

ge Jahre, nachdem er das höchste Amt übernommen hatte. Sein Stuhl blieb danach unbesetzt, da es von staatlicher Seite massiven Widerstand gegen die wachsende Macht dieser Glaubensgemeinschaft gab und gibt. Auch wenn der vietnamesische Staat den Caodaismus heute als Religion anerkennt, wird ein neuer starker Mann an der Spitze der Religionsgemeinschaft nicht offiziell zugelassen.

Die Zahl der Gläubigen wird heute auf 2–3 Mio. geschätzt, wobei diese Sekte, wie sie von Kritikern bezeichnet wird, **ausschließlich im südlichen Vietnam** vertreten ist. Eine winzige Anhängerschaft, die von ausgewanderten Vietnamesen gebildet wird, findet man auch in **Kalifornien**.

Der **Tempel in Tay Ninh** ist mit 140 m Länge, 40 m Breite und 36 m Höhe das mit Abstand **mächtigste Gebäude des Caodaismus**. Kleinere Gotteshäuser findet man aber in ganz Südvietnam. Er lässt den erstmaligen Besucher mit einem erstaunten Blick innehalten: Auf und in dem **gelben Gebäude** tummeln sich Drachen, Schlangen und andere **kunterbunte Figuren**. Über dem **Altar** thront eine Art „göttliches Auge", das die Betenden betrachtet. Wüsste man es nicht besser, man käme sich vor wie bei den Dreharbeiten eines Fantasyfilms oder aber in einer asiatisch angehauchten architektonischen Schöpfung von Antoni Gaudí oder Friedensreich Hundertwasser.

Im Sechs-Stunden-Rhythmus – um 0, 6, 12 und 18 Uhr – wird täglich der **große Gottesdienst** begangen; von den „einfachen" Gläubigen wird aber nur einmal pro Tag ein Besuch im Gotteshaus erwartet. Bei der Zeremonie selbst, die durch ein **Orchester** live begleitet wird, sammeln sich die Besucher auf einer **Balustrade im ersten Stock** – von dort genießt man einen erstklassigen Blick

Saigon entdecken
Ziele außerhalb der Stadt

auf das Geschehen im Zentrum des Tempels. **Fotografieren** ist erlaubt, jedoch muss das **Schuhwerk** vor Betreten des Gotteshauses ausgezogen werden.

› Tay Ninh, ca. 100 km nordwestlich von Saigon, Fahrzeit: ca. 2,5 Std., Eintritt: frei
› Am einfachsten lässt sich Tay Ninh mit **Tourbussen aus HCMC** erreichen. Oftmals werden von den Reisebüros rund um die Pham Ngu Lao [D6] Tagesausflüge zu den Tunneln von Cu Chi ⑲ und nach Tay Ninh als Paket angeboten (ab ca. 12 US$). Empfehlenswert ist z. B. der Anbieter **Saigon Stadtführung** (s. S. 120). Um dem Gottesdienst am Mittag beiwohnen zu können, sollte man bereits am frühen Morgen aufbrechen.

EXTRATIPP

Sonne, Meer und Strand – auf nach Vung Tau!

Vom **Bach-Dang-Pier** (s. S. 122) aus lassen sich Ausflüge in den besonders bei Saigonern populären **Strandort Vung Tau** unternehmen. Dort trifft man kaum auf ausländische Badeurlauber, sondern zu 99 % auf Einheimische. Auch wenn die Strände dort nicht besonders reizvoll erscheinen, da der Sand eher gräulich ist und die sich im Wind wiegenden Palmen am Wasser fehlen, so ist Vung Tau dennoch eine geeignete Destination, um dem Großstadtlärm und der städtischen Hitze zu entfliehen. Für einen **Ein- oder Zweitagesausflug** stehen vor Ort auch reichlich Übernachtungsmöglichkeiten zur Verfügung. Die Fahrt mit dem Tragflächenboot dauert 90–120 Min. und kostet 200.000 Dong (ca. 10 US$), am Wochenende 250.000 Dong (ca. 12,50 US$) für die einfache Fahrt. Die **Reedereien Greenlines, Petro Express und VinaExpress** haben Informationsbüros und Fahrkartenschalter direkt am Bach-Dang-Pier.

Nachdem Ende Januar 2014 ein Tragflächenboot komplett ausbrannte, wurde der **Fährverkehr von der Transportbehörde vorerst eingestellt**. Ob und wann der Liniendienst wieder aufgenommen wird, war bei Redaktionsschluss noch unklar. Deshalb bitte unbedingt **vor Ort informieren**.

049sa Abb.: ld

Praktische Reisetipps

An- und Rückreise

Der Flughafen von Ho-Chi-Minh-Stadt

Das Gros der Reisenden nach Ho-Chi-Minh-Stadt wird die Stadt **mit dem Flugzeug** erreichen. Der **Flughafen Tan Son Nhat (internationales Kürzel: SGN)** liegt – für einen international angeflogenen Airport ungewöhnlich – nur **8 km vom Stadtzentrum** entfernt. Trotz des teilweise immensen Verkehrsaufkommens sorgt das für kurze Transfers zwischen Terminal und Unterkunft. Die Nähe zum Zentrum erklärt sich aus der Vergangenheit: Als hier von den Franzosen in den 1930er-Jahren die erste Landebahn geplant wurde, lag das Areal noch deutlich vor den Toren der Stadt. Durch das rasante Wachstum Saigons befand sich der Flughafen bereits in den 1970er-Jahren mitten in der Stadt. Während dieser Epoche war der Luftraum über Saigon der weltweit am stärksten frequentierte, da die Air Force der USA ihn parallel zum zivilen Betrieb intensiv als Luftwaffenbasis nutzte.

●84 [be] **Flughafen Tan Son Nhat,** 58 Truong Son (Phuong 2, Tan-Binh-Distrikt), www.hochiminhcityairport.com, Tel. 08 38485383

Der Flughafen besteht aus einem **Inlandsterminal** und einem modernen, erst 2007 eröffneten **Terminal für internationale Verbindungen.** Beide Terminals liegen eng beieinander und der Fußweg zwischen ihnen beträgt nur ca. 5 Min.

◁ *Vorseite: Mobiler Friseursalon am Straßenrand*

Da der Flughafen aber am oberen Passagierlimit arbeitet (2012: 18 Mio. Fluggäste), soll er **ab 2020** durch den neuen, ca. 40 km östlich der Stadt **gelegenen Long Thanh International Airport** ersetzt werden, der in der finalen Ausbaustufe 100 Mio. Passagiere jährlich abfertigen können soll.

Nach der Eröffnung des neuen Flughafens sollen über Tan Son Nhat ausschließlich **Inlandsflüge** abgewickelt werden. Aber das ist alles noch Zukunftsmusik; mit zeitlichen Verzögerungen bei Großprojekten dieser Dimension ist zu rechnen.

Am Flughafen stehen **Wechselstuben** in der Ankunftshalle sowie **Geldautomaten** zur Verfügung (s. Abschnitt Geldfragen S. 105).

Fluggesellschaften und Verbindungen

Von **Mitteleuropa** aus bieten diverse Fluggesellschaften **Verbindungen** nach HCMC an. Ein Nonstop-Flug (z. B. Frankfurt – HCMC) dauert ca. 12,5 Std. Ein Umstieg oder Halt an einem Drehkreuz verlängern den Flug deutlich – bei schwierigen Umsteigebedingungen kann die Flugzeit schnell bei 20–25 Std. liegen.

Da die meisten Flüge **Frankfurt als Abflughafen** nutzen, sollte man auch die Anreise an den Main mit einkalkulieren. Teilweise werden Zubringerflüge oder kostenlose **Rail-and-Fly-Tickets** von den Fluggesellschaften angeboten.

Die Fluglinie **Vietnam Airlines** fliegt ohne Stopp **dreimal pro Woche** die Strecke zwischen Frankfurt und HCMC und viermal pro Woche in umgekehrter Richtung.

Für Flüge **ab Wien** bietet sich Austrian Airlines an, die HCMC jedoch nur in Kooperation mit Lufthansa bzw. Thai Airways anfliegen und somit immer einen Zwischenstopp in Frankfurt bzw. Bangkok einlegen. Verbindungen mit Swiss **ab Zürich oder Genf** werden ausschließlich in Zusammenarbeit mit Cathay Pacific (oder United Airlines) über Hongkong oder mit Singapore Airlines über Singapur angeboten.

Die folgenden **Fluglinien** verfügen über Verbindungen von Mitteleuropa nach HCMC (hier werden nur Airlines aufgelistet, deren Umsteigeverbindungen ab Europa sinnvoll erscheinen):

› **Aeroflot (mit Umstieg in Moskau):** www.aeroflot.com
› **Air France (mit Umstieg in Paris):** www.airfrance.de
› **Austrian Airlines (mit Umstieg in Frankfurt und/oder Bangkok):** www.austrian.com
› **Emirates (mit Umstieg in Dubai):** www.emirates.com
› **Etihad Airways (mit Umstieg in Abu Dhabi, in Kooperation mit Air Berlin):** www.etihad.com
› **Finnair (mit Umstieg in Helsinki):** www.finnair.com
› **Lufthansa (immer Umstieg/Stopp auf einem asiatischen Flughafen):** www.lufthansa.com
› **Malaysia Airlines (mit Umstieg in Kuala Lumpur):** www.malaysiaairlines.com
› **Qatar Airways (mit Umstieg in Doha):** www.qatarairways.com
› **Singapore Airlines (mit Umstieg in Singapur):** www.singaporeair.com
› **Swiss (mit Umstieg in Hongkong oder Singapur):** www.swiss.com
› **Thai Airways (mit Umstieg in Bangkok):** www.thaiairways.com
› **Turkish Airlines (mit Umstieg in Istanbul):** www.turkishairlines.com
› **Vietnam Airlines (nonstop):** www.vietnamairlines.com

Preislich sollte man **mindestens 600 € für Hin- und Rückflug** kalkulieren, da selbst die günstigsten Schnäppchenflüge nicht unter dieser Marke erhältlich sind. Ist man zeitlich wenig flexibel und möchte in der Hauptsaison fliegen, erreicht der Preis auch schnell den vierstelligen Bereich.

Vom **Inlandsterminal** fliegen neben der nationalen Gesellschaft Vietnam Airlines, die praktisch alle Flughäfen des Landes im Linienverkehr bedient, noch zwei andere Airlines, die der Kategorie „Billigflieger" entsprechen. Ähnlich wie Ryanair und Co. in Europa bieten sie besonders günstige Flugpreise. Infos über Flugrouten und Preise sind unter folgenden Internetpräsenzen zu finden:

› **Jetstar Pacific Airlines:** www.jetstar.com
› **VietJet Air:** www.vietjetair.com

Vom Flughafen in die Stadt

Der preiswerteste Weg in die Stadt führt über die **Buslinie 152**, die sowohl vor dem internationalen wie auch vor dem Inlandsterminal eine **Haltestelle** besitzt. Leider ist sie nicht mit einem Schild gekennzeichnet. Die Haltestelle **vor dem internationalen Terminal** befindet sich in der Nähe der Burger-King-Filiale, die – verlässt man das Gebäude – rechtsseitig liegt.

Bei Unklarheiten helfen die Flughafenangestellten gern weiter. Der **Fahrpreis** liegt bei 5000 Dong (ca. 0,25 US$), bei großem Gepäck werden zusätzlich 5000 Dong als **Gepäckgebühr** fällig. Die Linie 152 endet am zentralen **Busbahnhof Ben Thanh** (s. S. 129) **am Ben-Thanh-Markt** ❸. Der Bus verkehrt täglich mehrmals pro Stunde, allerdings nur bis ca. 18 Uhr.

Selbstverständlich stehen auch Dutzende von **Taxis** für einen komfortableren Transfer in das Stadtzentrum bereit. Dabei gibt es vier Wege, um an ein Taxi zu kommen:

Erstens (und aus Bequemlichkeitsgründen am meisten gewählt): Man wendet sich an die **vor den beiden Terminals parkenden Taxis**. Dabei kommt es aber nicht selten zu **Preisdiskussionen** am Zielort (zur Vermeidung: s. weiterführende Infos unter „Verkehrsmittel" S. 125).

Zweitens: Man verlässt den internationalen Terminal und hält sich links. Dort spricht man die uniformierten Repräsentanten der **Taxifirmen VinaSun oder Mai Linh** (s. S. 125) an, die dann ein Taxi ihres Unternehmens rufen. Das nimmt manchmal etwas Zeit in Anspruch, aber das Risiko von nervtötenden Preisdiskussionen am Zielort wird eliminiert. Der **Fahrpreis** bis ins Zentrum beträgt – wie bei allen regulären Fahrten mit dem Taxameter – **ca. 150.000 Dong (7–8 US$).**

Drittens: In der Ankunftshalle kann man **Taxi-Gutscheine** in Höhe von etwa 250.000 Dong (ca. 12–13 US$) erstehen. Dann wird man vom Personal zu einem Taxi geleitet. Damit sind alle Kosten beglichen und Schereien mit dem Fahrer ausgeschlossen.

Viertens: Auf dem **Parkplatz vor dem Inlandsterminal**, keine fünf Gehminuten vom Ausgang des internationalen Terminals entfernt, stehen kleine Sonnenschirme. Dort sitzen **Bedienstete der Taxifirmen** und weisen dem Suchenden ein Taxi zu. Besonders die grün-weißen Taxis und von Mai Linh und die meist weißen Taxis von VinaSun haben sich als zuverlässig erwiesen. Es wird **nach Taxameter** abgerechnet (Fahrpreis s. oben).

Grundsätzlich erheben die Taxifahrer – außer bei der Gutscheinvariante – eine **zusätzliche Gebühr** in Höhe von 10.000 Dong (ca. 0,50 US$). Diese Gebühr fällt sowohl bei der Fahrt vom Flughafen in die Stadt als auch in umgekehrter Richtung an. Sie wird vom Flughafen für die **Befahrung des Flughafenareals** erhoben und auf den Fahrgast abgewälzt. Die **Fahrzeit** liegt zwischen 15 Min. (spät abends und nachts) und 45 Min. (im Feierabendverkehr).

Fahrten **aus der Innenstadt zum Flughafen** sind einfach zu organisieren: Man winkt sich einfach eines der allgegenwärtigen Taxis heran. Bei Fahrten am frühen Morgen oder späten Abend kann man sich auch über die Hotelrezeption ein Fahrzeug vor die Tür bestellen.

Auto- und Mopedfahren

Mietwagen

Wer HCMC mit den eigenen vier Rädern erkunden möchte, muss sich von dieser Idee leider verabschieden: In Vietnam lassen sich Autos **nur im Komplettpaket inklusive Fahrer** anmieten. Ausländer dürfen ein Automobil nicht eigenhändig steuern.

Mietmoped oder Mietmotorrad

Für besonders **abenteuerlustige Urlauber** gibt es in touristischen Arealen die Möglichkeit, temporär ein Moped oder ein Motorrad zu mieten. Problemlos und für wenige Dollar wird einem dann ein Zweirad für den gewünschten Zeitraum zur Verfügung gestellt.

▷ *Besser als ein Mietmoped: Moped-Taxis (s. S. 126) gibt es fast überall*

Allerdings ist es nach aktueller Rechtslage nur dann erlaubt, ein motorisiertes Gefährt eigenhändig zu steuern, wenn man auch über **offizielle vietnamesische Dokumente** verfügt. **Internationale Führerscheine werden nicht anerkannt.** Der Führerschein aus der Heimat kann aber nach dem Durchlaufen der papierenen Bürokratie aller staatlichen Instanzen in einen vietnamesischen „umgeschrieben" werden. Besitzt man keine Fahrerlaubnis für motorisierte Zweiräder, besteht die Möglichkeit, auf einem Verkehrsübungsplatz eine Fahrprüfung zu absolvieren. Ist selbige erfolgreich, erhält man eine lokalen Führerschein für Mopeds, aber auch das ist natürlich mit einigem bürokratischen Aufwand verbunden.

Selbst ohne diesen einheimischen Führerschein werden Mopeds an „Langnasen" vermietet. Doch das **Risiko einer Polizeikontrolle** oder die **Konsequenzen eines möglichen Unfalls** trägt der Mieter ganz allein.

Ausrüstung und Kleidung

HCMC ist eine boomende asiatische Metropole, in der **fast alles erhältlich** ist, was das Herz des Reisenden begehrt – und das oft zu einem Bruchteil des westlichen Preises. Ob man nun den Fön oder die Batterie für die Kamera zu Hause vergessen hat – vor Ort lässt sich das meiste problemlos erstehen.

Da es das ganze Jahr über warm bis heiß ist, sollte man seine **Sommergarderobe** in den Koffer packen. Als Tourist ist man mit **Shorts und T-Shirt** absolut angemessen bekleidet. Auch wenn die meisten Vietnamesen keine kurzen Hosen tragen, so ist es bei westlichen Besuchern heute die akzeptierte Bekleidungsform (auch wenn das in einigen Reiseführern immer noch anders beschrieben wird). In **besseren Restaurants** oder **religiösen Stätten** ist eine **förmlichere Kleidung** jedoch ratsam, da einem in

Flipflops und abgeschnittener Jeans ggf. der Eintritt verweigert wird. Auch sollten Damen auf sehr knappe, sexy Kleidung verzichten, da Vietnamesen dies schnell als zu aufreizend betrachten. Frauen sollten darauf achten, Tempel und andere religiöse Stätten **nicht schulterfrei** zu betreten.

Barrierefreies Reisen

Den Begriff der „Barrierefreiheit" gibt es im Vietnamesischen nicht. Selbst als intellektuelles Konzept ist er **nicht existent**. Das alltägliche Leben in ganz Vietnam ist zu 100 % auf körperlich unversehrte Menschen zugeschnitten. Deshalb gibt es weder im infrastrukturellen Bereich noch in den Köpfen der Menschen einen diesbezüglichen Ansatz; für Menschen mit Behinderungen ist das Reisen in Vietnam **entsprechend schwierig**. In einigen Situationen mag die **Hilfsbereitschaft** der Einheimischen so manchen Weg ebnen, aber ohne Begleitung ist beispielsweise ein Rollstuhlfahrer vollkommen auf sich allein gestellt.

Diplomatische Vertretungen

In Ho-Chi-Minh-Stadt

- ●85 [D3] **Deutsches Generalkonsulat**, 126 Nguyen Dinh Chieu (Distrikt 3), www.ho-chi-minh-stadt.diplo.de, Tel. +84 (0) 838291967, Notfallnummer: +84 (0) 913806251, geöffnet: Mo.–Do. 7.30–16, Fr. 7.30–13 Uhr
- ●86 [E2] **Österreichisches Honorarkonsulat**, 27 A Nguyen Dinh Chieu, http://austriaconsulate.vn/de, Tel. +84 (0) 838275766, geöffnet: Mo.–Fr. 8–12 Uhr
- ●87 **Schweizer Generalkonsulat**, 42 Giang Minh (Distrikt 2), www.eda.admin.ch (unter „Vertretungen"/„Asien"/„Vietnam"), Tel. +84 (0) 837446996

In Hanoi

- › **Deutsche Botschaft**, 29 Tran Phu, Hanoi, www.hanoi.diplo.de, Tel. 04 3845383-6/-7 oder +84 (0) 43843024-5/-6, geöffnet: Mo.–Fr. 8.30–11.30 Uhr
- › **Österreichische Botschaft**, c/o Prime Center, 53 Quang Trung (8. Stock), Hanoi, www.bmeia.gv.at/botschaft/hanoi, Tel. +84 (0) 439433050, geöffnet: Mo.–Fr. 10–12 Uhr
- › **Schweizer Botschaft**, Hanoi Central Office Building (15. Stock), 44 B Ly Thuong Kiet, Hanoi, www.eda.admin.ch/hanoi, Tel. +84 (0) 439346589, geöffnet: Mo.–Fr. 10–12 Uhr

Die vietnamesische Damenwelt legt Wert auf einen Alabasterteint und versucht, sich mit entsprechender Kleidung vor den bräunenden UV-Strahlen zu schützen

Ein- und Ausreisebestimmungen

Touristenvisum

Antragstellen

Die Sozialistische Republik Vietnam verlangt von allen Ausländern bei der Einreise ein **Touristenvisum**. Dieses wichtige Dokument erhalten Deutsche bei der **vietnamesischen Botschaft in Berlin** oder beim **Generalkonsulat in Frankfurt am Main**:

› **Botschaft der Sozialistischen Republik Vietnam,** Elsenstr. 3, 12435 Berlin, www.vietnambotschaft.org, Tel. 030 53630102
› **Generalkonsulat der Sozialistischen Republik Vietnam,** Rubensstr. 30, 60596 Frankfurt am Main, http://vietnam-generalkonsulat.de, Tel. 069 79533650 u. 975336514

Österreicher wenden sich an die vietnamesische Botschaft in Wien:

› **Botschaft der Sozialistischen Republik Vietnam,** Felix-Mottl-Str. 20, 1190 Wien, www.vietnamembassy-austria.org, Tel. 01 368075510

In der **Schweiz** lautet die Anschrift der Botschaft:

› **Botschaft von Vietnam in der Schweiz,** Schlösslistr. 26, 3008 Bern, www.vietnam-embassy.ch, Tel. 031 38878-78/-74

Notwendige Dokumente

Für die Erteilung des Visums müssen folgende **Dokumente** vorgelegt werden – entweder bringt man sie persönlich vorbei oder sendet sie auf postalischem Wege:

› **Reisepass** (mindestens sechs Monate über das Ende der Reise hinaus gültig)
› Ein vollständig ausgefülltes **Antragsformular**
› Ein aktuelles **Passfoto**
› **Visagebühr** als Verrechnungsscheck mit der Unterschrift des Antragstellers oder in Form von Bargeld
› Ein **frankierter Rückumschlag** für Einschreiben (3,05 €), wenn man den Pass nicht persönlich abholt

Das **Antragsformular** kann man hier problemlos herunterladen:

› www.vietnamvisa.com/upload/doc/form-on-arrival.pdf

Seit 2012 berechtigt ein Eintrag im Reisepass der Eltern **Kinder** nicht mehr zum Grenzübertritt. Somit müssen alle Kinder ab Geburt bei Reisen ins Ausland über ein **eigenes Reisedokument** verfügen.

Visagebühr und Bearbeitungszeit

Die Gebühr hängt von der **Länge des Aufenthalts** und der **Häufigkeit der Einreise** ab. Das klassische Touristenvisum für 30 Tage (einmalige Einreise) kostet 75 €, für 30–90 Tage (einmalige Einreise) 88 €, für 30 Tage (mehrmalige Einreise bzw. „multiple entry") 95 €, für 30–90 Tage (mehrmalige Einreise) 110 €. Die **mehrmalige Einreise** wird beispielsweise dann relevant, wenn man noch **Laos oder Kambodscha** bereisen möchte, am Ende aber wieder von HCMC aus gen Heimat fliegt.

Benötigt man das Visum sehr kurzfristig, wird ein **Expresszuschlag von 25 €** erhoben. Die **Bearbeitungszeit** beträgt mindestens eine Woche.

Visa on Arrival

Visumsagenturen

Es gibt noch eine weitere Methode, um legal nach Vietnam einzureisen. Das **Visum bei Ankunft** *(Visa on Ar-*

rival), das ursprünglich nur für sehr kurzfristig geplante Reisen gedacht war, erfreut sich zunehmender Beliebtheit, da es schneller erhältlich und zudem auch noch preiswerter ist. Dabei bleibt die vietnamesische Botschaft komplett außen vor, stattdessen kommen **Visumsagenturen** ins Spiel. Folgende Anbieter haben einen guten und zuverlässigen Ruf:

› www.myvietnamvisa.com
› www.vietnamvisacorp.com
› www.vietnamvisapro.com

Bei einer solchen Agentur bestellt man online ein **Einladungsschreiben** *(Letter of Approval)*, das einem nach Zahlung einer Gebühr **auf elektronischem Wege** zugesandt wird. Beim normalen Touristenvisum für 30 Tage sollte man mit ca. 15–20 US$ rechnen, gezahlt wird per Kreditkarte oder PayPal.

Einreiseprozedere

Mit dem Einladungsschreiben und dem Reisepass, der noch mindestens sechs Monate gültig sein muss, geht man am Einreiseflughafen zum **Visa-on-Arrival-Schalter**. Dort überreicht man dem Grenzbeamten den Pass, das Einladungsschreiben, das ausgefüllte Antragsformular (Link s. S. 103) und zusätzlich ein Passfoto.

Nach einigen Minuten wird man namentlich aufgerufen; man sollte dabei auf die teils sehr kryptische Intonation deutscher Namen vorbereitet sein. Nach der **Zahlung von 45 US$** (am besten passend; andere Währungen werden nicht akzeptiert!) erhält man seinen Pass mit dem Visum zurück, kann anschließend durch den Immigrationsbereich gehen und vietnamesischen Boden betreten. Aber ganz wichtig: Das Visa on Arrival erhält man **nur an den Flughäfen von HCMC, Da Nang und Hanoi**. Bei allen anderen Einreiseorten (z. B. Grenze zu den Nachbarländern) funktioniert es nicht.

Beim **Einchecken** an deutschen Flughäfen mit Reiseziel Vietnam wird vom Bodenpersonal häufig kontrolliert, ob man bereits das erforderliche Visum im Pass hat. Teilweise kommt es dann zu längeren Diskussionen, wenn die Fluggesellschaften den Transport ohne Visum verweigern wollen, da das **Visa on Arrival dort nicht bekannt** ist. Am besten die Einladung vorzeigen und in Ruhe das dahinter stehende Prinzip erläutern. Mit einer „klassischen" **Visumsbeantragung über die Botschaft** umgeht man selbstverständlich dieses Problem.

Zoll und Registrierung

Die Zollbestimmungen bei der **Einreise nach Vietnam** bewegen sich im Rahmen des international Gängigen. So dürfen beispielsweise bis zu 400 Zigaretten und 1,5 l Spirituosen zollfrei eingeführt werden. Bei der Bargeldeinfuhr ins Land müssen Summen im Wert von über 5000 US$ bzw. über 15 Mio. Dong in bar deklariert werden. Über die Zollbestimmungen bei der Ausreise informiert der deutsche Zoll (www.zoll.de).

Bei der **Anmeldung an der Hotelrezeption** wird immer auf die **Vorlage des Passes** bestanden, da die entsprechenden Daten von der Unterkunft an die Polizeibehörden gemeldet werden müssen (**Registrierpflicht**).

▷ *Auch das ist Saigon: Kabelsalat an den Strommasten der Stadt*

Praktische Reisetipps
Elektrizität, Film und Foto, Geldfragen

Elektrizität

Wie auch in Mitteleuropa beträgt die **Netzspannung 220 Volt** und stellt somit grundsätzlich kein Problem beim Betreiben oder Aufladen elektrischer Geräte dar. In seltenen Fällen sind die Steckdosen jedoch so konzipiert, dass insbesondere „dickere" Stecker nicht in die Steckdose passen. Oft hilft dann eine kurze Anfrage an der **Rezeption** und man erhält einen kleinen **Plastikadapter**. Entweder man bringt sich einen Adapter aus Europa mit oder ersteht ihn in einer Elektronikhandlung vor Ort.

Film und Foto

Es ist davon abzuraten, **militärische Einrichtungen** und staatliche Würdenträger wie **Polizisten, Soldaten oder Grenzbeamte** heimlich zu fotografieren. Werden sie darauf aufmerksam, können sie durchaus die Kamera konfiszieren.

In **Museen** oder für **Sehenswürdigkeiten** wird manchmal eine **Extragebühr** für Fotoapparate oder Filmkameras verlangt, die oft den normalen Eintrittspreis übersteigt. Man erhält dann zumeist ein kleines Stück Papier, das einem die Erlaubnis bestätigt. Es empfiehlt sich, diese gut aufzubewahren, da das Personal häufig nach der Fotoerlaubnis fragt.

Geldfragen

Währung und Zahlungsmittel

Die **offizielle Währung** Vietnams ist seit 1978 der **Dong (VND)**. Dabei bestimmen **Banknoten** den finanziellen Alltag zu 99 % – Münzen, die mit einem Nennwert von 200, 500, 1000, 2000 oder 5000 Dong im Umlauf sind, bekommt man ausgesprochen selten zu Gesicht. Seit 2003 werden die neuen **Geldscheine aus Polymer** hergestellt und besitzen ein kleines, durchsichtiges „Guckfenster". Es zirkulieren Banknoten in Höhe von 10.000, 20.000, 50.000, 100.000, 200.000 und 500.000 Dong. Daneben gibt es noch die **alten, oft sehr zerknitterten**, aber noch immer gültigen **Geldscheine aus Baumwolle** mit Nennwerten von 200, 500, 1000, 2000, 5000 und 10.000 Dong.

Der monetäre Alltag

Die gute Nachricht vorweg: Alle vietnamesischen Banknoten schmückt das **Konterfei Ho Chi Minhs** (s. S. 68) – man kann sie also nicht mit Geldscheinen anderer Staaten verwechseln. Die weniger gute Nachricht: Die **farbliche Gestaltung der Noten** ist nicht sehr eindeutig und die **Verwechslungsgefahr** deshalb groß. Zusätzlich sorgen die großen Summen mit einer Vielzahl an Nullen für Verwirrung, besonders bei Neu-

Geldfragen

Wechselkurs

1 €	28.500 Dong
1 sFr	23.300 Dong
1 US$	21.000 Dong
10.000 Dong	0,34 €/0,42 sFr
10.000 Dong	0,47 US$

(Stand: Frühjahr 2014)
Aktuelle Kursangaben finden sich z. B. bei www.oanda.com.

ankömmlingen. Ein Preisschild über 180.000 Dong übersteigt für die Bewohner von Euroland schnell das konkret Greifbare, obwohl das nur wenig mehr als 6 € ist. Deshalb preisen viele Händler ihre Ware für westliche Besucher in US-Dollar an. Abhängig vom Händler und der Höhe der Summe kann man **zum Teil auch in US-Dollar zahlen**. Jedoch nimmt jeder Händler, Hotelbetreiber oder Taxifahrer grundsätzlich immer Dong an; deshalb ist das Wechseln in die lokale Währung unumgänglich.

Bereits am **Flughafen** (s. S. 98) kann man bei diversen **Wechselstuben in der Ankunftshalle** Bargeld in Landeswährung tauschen. Außerhalb der Halle stehen **Geldautomaten** bereit, um mit allen gängigen Karten vietnamesische Dong abzuheben. Die **Abhebegebühr** liegt bei rund 20.000 Dong (ca. 1 US$), zuzüglich zu den Gebühren der heimischen Bank, deren Höhe variieren kann.

Im gesamten Stadtgebiet von HCMC gibt es Hunderte von **Geldautomaten** (oft mit dem englischen Kürzel **ATM** versehen), an denen man mit seiner **Maestro-(EC-)Karte** oder allen gängigen **Kreditkarten** Geld in der Landeswährung abheben kann. **Reiseschecks** (Travelers Cheques) eignen sich als bargeldlose Alternative – für den Eintausch ist ein Reisepass vorzulegen. Die Zahl der Annahmestellen ist jedoch begrenzt und der Wechselvorgang kann lange dauern.

Einige deutsche Banken (v. a. die Postbank) statten ihre Geldkarten nicht mehr mit der Maestro-, sondern der **Bezahlfunktion „V-Pay"** aus, bei der nicht der kopierbare Magnetstreifen, sondern der Chip gelesen wird. Das hat zur Folge, dass an Bankautomaten außerhalb der EU mit der V-Pay-Karte kein Geld gezogen werden kann, da die Automaten die Chips nicht lesen können.
› Weitere Infos unter www.vpay.de

Neben EC-/Maestro- und Kreditkarte sollte man auch eine gewisse Summe **Bargeld** im Portemonnaie haben, da man in vielen Geschäften nicht mit Karte zahlen oder selbige wegen technischer Probleme als Geldspender ausfallen kann. Eine **Mischung aus Euro-, US-Dollar- und Dong-Noten** hat sich wegen der hohen Flexibilität bewährt.

In den Banken und Wechselstuben von HCMC ist es kein Problem, **Euro-Banknoten** zu wechseln. Der Kurs ist meist sehr gut und die Wechselverluste zwischen Euro und US-Dollar entfallen. In **Wechselstuben** sollte man immer vor dem Geldwechsel nach dem aktuellen Kurs fragen. Man kann auch problemlos die Kurse mehrerer Wechselstuben vergleichen, bevor man sich mit Dong eindeckt. Verlässt man die Großstadt, kann es manchmal Probleme beim Wechseln von Euro in Dong geben.

Teilweise bieten die **offiziellen Banken** etwas bessere Wechselkonditionen, dafür nimmt das Prozedere aber auch deutlich mehr Zeit in Anspruch. Beim Bargeldwechsel in der Bank sollte man seinen **Reisepass**

Saigon preiswert

› Für nur 5000 Dong (0,25 US$) kann man eine **Stadtrundfahrt im regulären Linienbus** (s. S. 128) unternehmen, allerdings ohne erläuternde Kommentare. Einfach eine grobe Himmelsrichtung wählen, am Infoschalter des Busbahnhofs Ben Thanh (s. S. 129) nachfragen (oder mit dem Finger auf die Zielregion weisen) – schon kennt man seine Linie und es kann losgehen.

› Wofür in westlichen Metropolen teils zweistellige Eurobeträge verlangt werden, zahlt man in HCMC selten mehr als wenige Cent: Die wenigsten **staatlichen Museen** (Liste s. S. 42) verlangen mehr als 1 US$ an der Eintrittskasse. Kultur und Geschichte lassen sich weltweit kaum preiswerter erleben.

› *Friseur, Massage, Maniküre* – für einen Bruchteil der westlichen Servicepreise kann man sich in Saigon der **Körperpflege** hingeben. Ein Tipp für Massagen: Sind die Massagesalons gut einsichtig und nicht hinter Milchglas versteckt, sind es wahrscheinlich reguläre Einrichtungen. Die etwas „zwielichtigeren" Etablissements bieten teilweise auch weitergehende Dienste an. Bei einigen Salons sind die Übergänge fließend, wobei dort ein klares „Nein" immer weiterhilft.

› Auf den Spuren von Aerobic-Queen Sydne Rome wandeln und dafür keinen (oder fast keinen) Dong ausgeben: Allabendlich gibt es **im Park des 23. September** ❷ **Aerobic-Kurse** unter freiem Himmel. Ausländische Besucher werden freundlich begrüßt; für die einmalige Teilnahme wird selten etwas berechnet. Wer häufiger vorbeikommt, zahlt für die Monatskarte 40.000 Dong (ca. 2 US$).

mit sich führen, da zumeist auf die Vorlage dieses Dokumentes bestanden wird. Die meisten größeren **Hotels** bieten ebenfalls einen Wechselservice an; auch hier sollte man vorher den Wechselkurs erfragen. Hier erhält man zuverlässig Bargeld:

- ●88 [D6] **Sacombank**, 77-179-181 Nguyen Thai Hoc, Tel. 08 4838360243. Diese Filiale der Sacombank wechselt sowohl Bargeld als auch Travelers Cheques. Bei letzteren wird jedoch eine Gebühr von 2,2 % berechnet. Für den Wechselvorgang der Reiseschecks sollte man ca. 15–20 Min. einkalkulieren.
- ●89 [E5] **Wechselstube Mai Van**, 1 A Nguyen An Ninh, geöffnet: tgl. ab 7 Uhr
- ●90 [F5] **Wechselstube Minh Thu**, 12 Le Loi, Tel. 08 22112975, geöffnet: tgl. 8–20 Uhr
- ●91 [F5] **Wechselstube Money Exchange No. 59**, 135 Dong Khoi, geöffnet: tgl. 7–22 Uhr

Preise und Kosten

Obwohl HCMC als boomende Metropole ein deutlich höheres Preisniveau als die meisten anderen Regionen des Landes aufweist, ist das Leben hier **im Vergleich zu Mitteleuropa ausgesprochen preiswert.** Höherpreisige Restaurants einmal ausgeklammert, kann man im Distrikt 1 in einem **normalen Lokal** für 5 US$ pro Person (inkl. Getränk) auf köstliche Weise satt werden. Wählt man eine **Garküche** an der Straße, liegt man sogar deutlich darunter. Alkoholfreie Getränke wie Cola oder Limonade liegen bei 10.000–12.000 Dong (ca. 0,50 US$), ein Flaschenbier bei 15.000 Dong (0,75 US$).

Die **Übernachtungskosten** schwanken sehr, da das Angebot unglaublich diversifiziert ist: Für 4 US$ nächtigt man bereits im Mehrbettzimmer eines Hostels oder man bettet sein Haupt für 250 US$ in den Samtkissen einer Luxusherberge. Hier gilt die klassische englische Weisheit „You get what you pay for"!

Zudem liegen die **Eintrittspreise von Museen** oder anderen **Sehenswürdigkeiten** meist im Cent-Bereich und belasten die Reisekasse kaum.

Besonders preiswert sind Textilien. Hier kann man seine Garderobe für einen Bruchteil des europäischen Preises komplett erneuern. Jedoch sind die meisten Markentextilien gefälscht und die Qualität lässt manchmal zu wünschen übrig.

Wegen der **stark schwankenden Inflationsrate** ändern sich die Preise sehr viel schneller als in Europa. Während sie 2011 landesweit noch um über 18 % stiegen, sank die Verteuerung im Jahr 2013 auf knapp 7 %.

Gesundheitsvorsorge und Hygiene

Zwar ist die Wahrscheinlichkeit, in Saigon von einem Moped angefahren zu werden, um ein Vielfaches höher als das Risiko einer Ansteckung mit einer **Tropenkrankheit**. Trotzdem sollten die Gefahren nicht auf die leichte Schulter genommen und entsprechende Vorsorgemaßnahmen getroffen werden.

Denguefieber ist eine Viruserkrankung, die hauptsächlich von tagaktiven Mücken übertragen wird. Die Inkubationszeit beträgt 3–14 Tage. Die Krankheitssymptome ähneln denen einer mittleren bis schweren Grippe mit Fieber, Schüttelfrost, Kopf- und Gliederschmerzen. In wenigen Fällen (2–4 %) kommt es zu einem schweren Verlauf, der teilweise mit inneren Blutungen einhergeht und in sehr seltenen Fällen auch tödlich enden kann. Da weder eine Impfung noch eine Medikation gegen Dengue existiert, sollte man die Möglichkeit eines Mückenstichs mi-

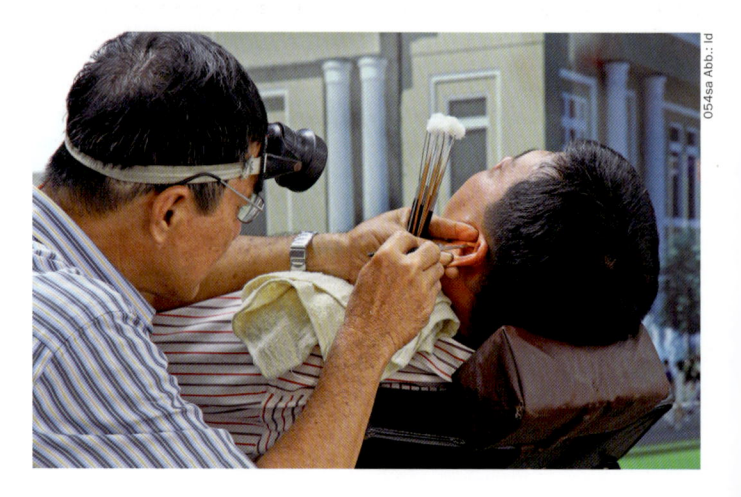

Praktische Reisetipps
Gesundheitsvorsorge und Hygiene

nimieren. **Helle, lange Kleidung** und der Gebrauch von **Mückenschutzmitteln auf DEET-Basis** sind hier das Mittel der Wahl. 2012 hat das Robert-Koch-Institut 615 Fälle von Denguefieber in Deutschland registriert – bei geschätzt 3 Mio. Reisen deutscher Staatsbürger in Risikogebiete.

Malaria macht sich symptomatisch durch hohe Fieberschübe, Schüttelfrost, Krämpfe und Magen-Darm-Beschwerden bemerkbar. Ähnlich wie bei Denguefieber wird die Krankheit durch Mückenstiche (der Anopheles-Mücke) übertragen. Das **Stadtgebiet von HCMC** ist offiziell malariafreie Zone; ein geringes Infektionsrisiko besteht nur im Bergland unterhalb von 1500 m, in der Küstenregion südlich von Nha Trang und im Mekongdelta. Auch gegen Malaria gibt es zwar keinen Impfschutz, allerdings ist eine Chemoprophylaxe durch regelmäßige Tabletteneinnahme möglich. Auch hier hilft die Vermeidung von Mückenstichen, außerdem wird der nächtliche Gebrauch eines Moskitonetzes in **Risikogebieten** empfohlen.

Des Weiteren empfehlen Tropenmediziner **vorsorglich Impfungen** gegen Tetanus, Diphtherie, Hepatitis A, Tollwut und Japanische Enzephalitis. Bei Fragen kann man sich bei seinem Hausarzt oder einem Tropenmediziner beraten lassen.

Da die hygienischen Rahmenbedingungen in Vietnam nicht mit denen in Mitteleuropa vergleichbar sind, treten **Magen-Darm-Probleme** häufig auf. Besonders durch unhygienisch zubereitetes Essen kann es zu **Durchfallerkrankungen** kommen. Kohletabletten oder Anti-Durchfallmedikamente sollten deshalb in keiner Reiseapotheke fehlen. Auf keinen Fall sollte man das **Leitungswasser** trinken. Stattdessen sollte man auf **in Flaschen abgefülltes Trinkwasser,** das im ganzen Land problemlos erhältlich ist, zurückgreifen. Jedoch ist darauf zu achten, dass die Flaschen mit einer Plastikfolie am Deckel versiegelt sind.

Die verbesserungswürdige Hygienesituation spiegelt sich auch bei den **Sanitäranlagen** wider. In den gehobenen Hotels ist westliches Niveau Standard. Einfache Unterkünfte oder Restaurants sind in diesem Bereich jedoch – wie es die Tourismusbranche gerne nennt – eher „landestypisch". Bei dreckigen Toiletten oder schmutzigen Verkehrsmitteln haben sich **Desinfektionstücher** für den einmaligen Gebrauch bewährt. Die feuchten Tücher bewahren einem nicht nur die Gesundheit, sondern sorgen auch für eine angenehme Erfrischung und einen gewissen Wohlfühlfaktor.

Einige Hygieneprodukte sind in Vietnam nur schwer erhältlich. So sollten sich **Kontaktlinsenträger** in der Heimat ausreichend mit Linsen und Pflegemitteln eindecken, da die Mini-Sehhilfen in Vietnam noch nicht sehr verbreitet sind. Auch **Tampons** sind weitestgehend unbekannt. Damenbinden sind selbstverständlich erhältlich, werden aber nicht selten verschämt unter dem Verkaufstresen gelagert. Nachfragen beim weiblichen Verkaufspersonal sorgt dann jedoch umgehend für Abhilfe. Cremes und andere Körperpflegeprodukte sind oft mit dem Schriftzug „**Bleaching**" oder „**Whitening**" versehen. Diese Produkte sollen eine chemische Aufhellung des Teints bewirken und gehen teils recht aggressiv zu Werke: Im Zweifel besser die Finger davon lassen.

◁ *Unter Vietnamesen sehr gefragt: die Gilde der Ohrenreiniger*

Fehlt in der **Reiseapotheke** eines der gängigen Medikamente oder Schmerzmittel, dann kann man diese zu einem Bruchteil des europäischen Preises in Vietnam erstehen. Gleiches gilt für Mückenschutzmittel: Vor Ort sind sie in jeder **Drogerie** kostengünstig erhältlich.

HCMC liegt bekanntlich in den Tropen. Trotzdem unterschätzen westliche Besucher mit hellem Teint oft die Macht der Tropensonne. Deshalb gehört unbedingt eine **Sonnencreme mit hohem Lichtschutzfaktor** (mindestens LSF 20, besser noch höher) ins Reisegepäck. Gleiches gilt für einen Sonnenschutz auf dem Kopf. **Ein Hut oder eine Kappe** schützen vor Sonnenbrand und Sonnenstich gleichermaßen.

Informationsquellen

Infostellen zu Hause

Da das Fremdenverkehrswesen in Vietnam kaum ausgeprägt ist – kommerzielle Anbieter bestimmen das Bild – gibt es neben den vietnamesischen Botschaften in Berlin, Bern und Wien (s. S. 103) nur die DVG:
› **Deutsch-Vietnamesische Gesellschaft e. V.**, Marienstr. 19/20, 10117 Berlin, www.vietnam-dvg.de, Tel. 030 28040990. Die DVG ist im deutschsprachigen Raum die erste Anlaufstelle für touristische, aber auch wirtschaftliche Kontakte.

Infostellen in der Stadt

Trotz der Popularität von HCMC bei inländischen wie auch ausländischen Gästen gibt es **kein übergeordnetes, neutrales Informationsbüro**. Wie im gesamten Land steckt die offizielle Fremdenverkehrspolitik nicht mal in den Kinderschuhen, sondern ist schlichtweg nicht vorhanden – allen Lippenbekenntnissen des Tourismusministeriums zum Trotz. Was in jeder anderen Metropole dieser Größe selbstverständlich ist, zum Beispiel ein Buslinien-Übersichtsplan an zentralen Busbahnhöfen, gibt es in HCMC nicht. Deshalb ist die **Informationsbeschaffung sehr mühselig** oder man ist auf kommerziell ausgerichtete Veranstalter angewiesen, die natürlich ihre ganz eigenen Interessen verfolgen.

Ein guter Tipp: Oft sind die hilfsbereiten **Hotelrezeptionisten** (s. Unterkünfte S. 123) eine erste, empfehlenswerte Anlaufstelle.

Die Stadt im Internet

Im Gegensatz zu den dürftigen bis nicht existenten Infodiensten vor Ort findet man in der digitalen Welt gute Informationsquellen – alle hier vorgestellten Websites bieten Informationen auf Englisch:
› **www.hcmclife.com**: Nachtleben, Konzerte, Einkaufen, Essen, Mode – die Website bietet ein buntes Potpourri des Stadtlebens mit Tipps und Ideen.
› **www.wordhcmc.com**: Ob Ausflüge ins Umland oder die monatlichen Spezialangebote der Saigoner Gastronomie – alles ist hier unter eine Adresse gebündelt.
› **www.saigoneer.com**: Diese Internetpräsenz wird von in HCMC lebenden Expats betrieben, die über Neuigkeiten in ihrer Wahlheimat berichten. Ein Schwerpunkt liegt auf der historischen Perspektive, mit vielen faszinierenden Fotos zur Stadtentwicklung von anno dazumal.
› **www.historicvietnam.com**: Der Historiker Tim Doling lebt seit vielen Jahren in Vietnam und präsentiert spannende Artikel über die Geschichte des Landes.

Meine Literatur- und Filmtipps

Buchtipps:
› Dietl, Harald: **Vietnam, Mon Amour. Bericht zweier Reisen.** Bibliothek der Provinz, 2012. Der Autor beschreibt zwei Vietnamreisen, die er unter gänzlich anderen Vorzeichen 1977 und 2003 unternahm. Mit aufschlussreichen Schilderungen der Ereignisse innerhalb von mehr als zwei Jahrzehnten.
› Duras, Marguerite: **Der Liebhaber.** Suhrkamp, 1985. Der Klassiker unter den Romanen über das koloniale Vietnam, der der Autorin zu Weltruhm verhalf: Ein junges Mädchen beginnt ein Verhältnis mit einem deutlich älteren Chinesen.
› Greene, Graham: **Der stille Amerikaner.** dtv, 2003. Den aufziehenden Zweiten Indochina-Konflikt nutzt Greene als politischen Hintergrund für eine dramatische Dreiecksgeschichte im Saigon der 1950er-Jahre.
› Lelord, Francois: **Die kleine Souvenirverkäuferin.** Piper, 2012. Ein französischer Arzt verliebt sich in eine Vietnamesin, während eine Epidemie das Land bedroht. Einfühlsame Beschreibung Vietnams in den 1990er-Jahren.
› Vandenberghe, Tom: **Vietnam Street Food. Kulinarische Reiseskizzen aus Hanoi und Vietnam.** Hädecke, 2011. Ein schön gestaltetes Kochbuch mit authentischen Rezepten zum Nachkochen.

Filmtipps:
› **Apocalypse Now** (1979): Der berühmteste Streifen zum Thema Vietnamkrieg (s. S. 82) mit Marlon Brando in seiner Paraderolle als Colonel Kurtz.
› **Indochine** (1992): Catherine Deneuve gerät als Plantagenbesitzerin mit ihrer Adoptivtochter und einem französischen Offizier in eine fatale Menage-à-trois. Spannende Schilderung des untergehenden französischen Kolonialreichs.
› **The Beautiful Country** (2004): Ein junger Vietnamese begibt sich auf Umwegen in die USA und sucht dort seinen Vater.
› **Three Seasons** (1999): Episodenfilm über eine Prostituierte, einen Cyclo-Fahrer und einen amerikanischen Vietnamveteranen. Der in Saigon spielende Film war das erste amerikanisch-vietnamesische Filmprojekt nach dem Krieg.

› www.vietnamonline.com: Diese Website informiert über das Leben in Vietnam mit einem besonderen Fokus auf Themenfeldern, die für Besucher von Relevanz sind. Ausgesprochen übersichtlich in Aufmachung und Struktur.
› www.thanhniennews.com: Facettenreiche Nachrichtenseite über Ereignisse, die für oder in Vietnam Relevanz besitzen: von politischen Entwicklungen bis hin zu sportlichen Höhepunkten.

Publikationen und Medien

Die meisten **Hotelrezeptionen** (s. Unterkünfte S. 123) bieten ihren Gästen **Übersichtsstadtpläne** zur ersten Orientierung an, sollte man den Stadtplan aus diesem Buch verlegt haben. Die regelmäßig aktualisierten **Faltpläne von „Switched On Saigon"** liegen in vielen Kiosken und Restaurants aus. Der 3-D-Plan zeigt dabei übersichtlich die Attraktionen von Distrikt 1, wobei die Hinweise auf Werbepartner zum Glück kaum stören. Unter www.switchedonvietnam.com kann der Plan als PDF-Dokument heruntergeladen werden.

Internet und Internetcafés

De facto verfügen so gut wie alle **Hotels und Unterkünfte** über ein **zumeist offenes und kostenloses WLAN-Netz (WiFi)**, in das man sich problemlos mit dem Laptop oder dem WLAN-fähigen Smartphone einwählen kann. Ist das Netzwerk passwortgeschützt, so hilft eine kurze Anfrage an der Rezeption und man erhält das Passwort. Hinter dem etwas hochtrabenden Begriff „**Business Center**" verbirgt sich in vielen Unterkünfte ein mehr oder minder gut ausgestatteter **Computerraum**, der von Hotelgästen meist kostenlos genutzt werden kann. Selbst einfachere Herbergen besitzen im Lobbybereich oftmals ein bis zwei Rechner, an denen man z. B. seine Mails checken kann.

In HCMC selbst ist die drahtlose Verbindung ins Netz ebenfalls nahezu überall möglich. Insbesondere **Distrikt 1** ist übersät mit WLAN-Hotspots von **Cafés, Kneipen und Restaurants**. Bei verschlüsselten Netzwerken hilft wiederum ein freundliches Nachfragen bei der Bedienung nach dem entsprechenden Netzwerkschlüssel.

Im **Backpackerviertel** ❶ rund um die Straßen Bui Vien und Pham Ngu Lao gibt es eine Vielzahl von **kleinen Buden**, die diverse Internetdienste anbieten. In den letzen Jahren sieht man dort jedoch immer weniger ausländische Reisende. Stattdessen spielen vietnamesische Jugendliche stundenlang Onlinespiele.

Maße und Gewichte

In Vietnam werden die gleichen Maßeinheiten verwendet wie in Kontinentaleuropa, was unter Berücksichtigung der französischen Kolonialherrschaft kaum verwunderlich ist. Einen markanten Unterschied, der auf dem Papier nicht auffällt, in der Realität aber beachtet werden sollte, bildet die **Einteilung der Kleidergrößen**. Es gibt natürlich Damenhosen in Größe 40 und auch T-Shirts in XL. Doch ist eine vietnamesische 40 eben keine europäische 40, sondern entspricht eher Kleidergröße 36. Der **zierlichere Körperbau** vietnamesischer Frauen und Männer spiegelt sich in der Größenetikettierung wider. Deswegen sollte **Bekleidung auf jeden Fall anprobiert** werden. Und nicht in Tränen ausbrechen, weil man nach nur zwei Wochen Asienaufenthalt scheinbar zwei Kleidergrößen zugelegt hat.

Zeitungen sind für viele Vietnamesen eine wichtige Informationsquelle

Medizinische Versorgung

Die medizinische Infrastruktur Vietnams ist nicht einmal ansatzweise mit westlichen Maßstäben vergleichbar. Die **staatlichen Krankenhäuser** sind medizintechnisch veraltet und oft in einem katastrophalen Zustand. Dreck, Staub, Spinnweben und nicht desinfizierte Instrumente sind an der Tagesordnung. Verschlimmert wird der Zustand noch durch die vietnamesische Tradition, dass neben dem Patienten auch mindestens zwei bis drei nahe Angehörige im Krankenzimmer nächtigen, die sich um das Wohlergehen des Kranken kümmern, ihn bekochen und manchmal sogar die Medizin verabreichen. Die Verwandten schlafen neben oder unter dem Krankenbett. Manchmal legen sie sich auch in das Bett des Patienten. Somit ähneln die staatlichen Hospitäler in Vietnam eher einem chaotischen Heerlager, denn einem Ort, an dem man wieder gesund werden kann.

Privatkliniken sind deshalb vor Ort die einzig mögliche Alternative. Die privaten Praxen werden oft von Medizinern geleitet, die ihre Ausbildung im Ausland erhielten oder selbst Ausländer sind. Die Ausstattung hat oft westliches Niveau, was auch für die hygienischen Rahmenbedingungen gilt. Diese Institutionen bestehen jedoch zumeist auf **Barzahlung** direkt vor Ort. Um die anfallenden Kosten von der heimischen Krankenkasse erstattet zu bekommen, sollte man vor Ort auf eine **formal korrekte Rechnung** in englischer Sprache (oder auf Deutsch) bestehen, die neben der **Rechnungssumme** auch die **detaillierte Behandlungsbeschreibung** umfasst. Zu empfehlen sind folgende Kliniken:

✪**92** [ch] **Cao Thang International Eye Hospital,** 135 B Tran Binh Trong (Distrikt 5), direkt gegenüber der Cho-Quan-Kathedrale gelegen, www.cthospital.vn, Tel. 08 39238435, geöffnet: Mo.–Sa. 7–19, So. 8–12 Uhr. Neben der Therapie akuter Augenerkrankungen werden viele Laserbehandlungen zur Korrektur von Fehlsichtigkeit durchgeführt.

✪**93** [E4] **CMI (Centre Médical International),** 1 Han Thuyen, www.cmi-vietnam.com, Tel. 08 382723-66/-67, geöffnet: Mo.–Fr. 8.30–19, Sa. 9–13 Uhr (in Notfällen rund um die Uhr). Französische und einheimische Spezialisten decken in dieser zentralen Klinik fast alle medizinischen Bereiche ab. Keine langen Wartezeiten, gute Englischkenntnisse und zuvorkommende Behandlung sind ebenso Kennzeichen des Hauses.

✪**94** [E4] **Columbia Asia International Clinic Saigon,** 8 Alexandre de Rhodes, www.columbiaasia.com/saigon, Tel. 08 38238888, Notfallnummer (24-Std.-Service): 08 8238455, geöffnet: tgl. 8–21 Uhr. Sehr zentral gelegene Privatklinik der in Asien tätigen Columbia-Klinikkette.

✪**95** [E5] **Westcoast International Dental Clinic,** 27 Nguyen Trung Truc, www.westcoastinternational.com, Tel. 08 38256999, geöffnet Mo.–Fr. 8.30–20, Sa./So. 9–17 Uhr. Von der ausgefallenen Plombe bis zum neuen Gebiss wird hier alles auf westlichem Niveau erledigt. Das Personal verfügt über gute Englischkenntnisse.

Nicht verschreibungspflichtige Medikamente gegen Durchfall oder Kopfschmerzen erhält man problemlos bei den allgegenwärtigen **Drogerien.** Zu einem Bruchteil des europäischen Preises gehen die kleinen Helferlein über die Ladentheke. Bei sprachlichen Barrieren hat es sich bewährt, die Symptome oder das gewünschte Medikament von einem Einheimischen – die Hotelrezeptionisten springen hier gerne ein – auf einem Stück Papier niederschreiben zu lassen.

Mit Kindern unterwegs

Auch wenn HCMC wegen der tropischen Temperaturen und dem dichten Straßenverkehr auf den ersten Blick wenig kinderfreundlich erscheint, so gibt es doch einige Anlaufstellen für Familien. Das **Wasserpuppentheater** (s. S. 41) im **Golden Dragon Water Puppet Theatre** (s. S. 40) begeistert kleine wie große Zuschauer gleichermaßen. Neben **schattigen Grünflächen** wie dem Tao Dan Park ⓭ oder dem Park des 23. September ❷ sind bei Saigoner Familien seit einigen Jahren auch **Vergnügungsparks** sehr populär, zum Beispiel:

● **96** [ag] **Dam Sen Water Park**, 3 Hoa Binh (Distrikt 11), www.damsenwaterpark.com.vn, Tel. 08 38588418, geöffnet: Mo. u. Mi.–Sa. 9–18, So. 8.30–18 Uhr, Eintritt: Kinder bis 80 cm Körpergröße gratis, 80–140 cm 80.000 Dong (ca. 4 US$), über 140 cm 120.000 Dong (ca. 6 US$). Eine große Poollandschaft mit vielerlei Rutschen und angeschlossenem Rummelplatz. Auch bei Einheimischen sehr populär, deshalb am Wochenende oft überlaufen. Vom Stadtzentrum aus dauert die Fahrt mit dem Taxi etwa 30 Min., mit der Buslinie 11 ab Busbahnhof Ben Thanh (s. S. 129) ca. 40 Min.

● **97** [ch] **KizCiti**, 3 Hoang Dieu (Phuong 5, Distrikt 4), Tel. 08 38253868, geöffnet: tgl. 8–15.30 u. 16–21.30 Uhr, Eintritt: Kinder ab 3 J. 150.000–220.000 Dong (ca. 7–11 US$, nach Wochentag und Tageszeit gestaffelt), Erwachsene 20.000 Dong (ca. 1 US$). Eine sehr unterhaltsame Idee liegt der KizCiti zugrunde: Kinder dürfen spielerisch in die Berufswelt der Erwachsenen vordringen. Egal ob Pilot, Feuerwehrmann,

Bäcker oder Journalist – über 20 Berufe dürfen ausprobiert werden. Dabei wird mit echtem Wasser ein imaginäres Feuer gelöscht oder man besteigt in Pilotenuniform ein riesiges Flugzeugmodell. Das Ganze wird mit einer großen Liebe zum Detail praktiziert; eventuelle Sprachbarrieren lösen sich spielerisch in Luft auf.

●98 **Suoi Tien Amusement Park**, 120 Xa lo Ha Noi, Than Phu (Distrikt 9), an der Autobahn nach Hanoi gelegen, Tel. 08 38964703, geöffnet: Mo.–Fr. 7–17, Sa./So. bis 18 Uhr, Eintritt: Erwachsene 50.000 Dong (ca. 2,50 US$), Kinder 25.000 Dong (ca. 1,25 US$), einzelne Attraktionen im Park müssen extra bezahlt werden. Disneyland, vietnamesisch interpretiert: Dieser gigantische Vergnügungspark verfügt über eine Vielzahl an Fahrgeschäften, mystische Landschaften und einen furchteinflößenden Krokodilsee. Schwimmmöglichkeit im großen, künstlichen See (ohne Krokodile!). Fahrzeit vom Zentrum mit dem Taxi: ca. 40–50 Min.

Notfälle

Polizei

Eine zentral gelegene Polizeiwache befindet sich ganz in der Nähe des Bitexco Financial Tower ❹:

➤99 [F6] **Polizeiwache**, 24–26 Pasteur, Tel. 08 38297373

Im Straßenbild des Distrikt 1 sieht man häufig grün uniformierte Schirmmützenträger. Umgangssprachlich werden sie als **Touristenpolizei** bezeichnet, was sie jedoch de facto nicht sind, da sie nicht über eine entsprechende Ausbildung oder Ausrüstung verfügen. Vielmehr sind sie eine Art „**Schülerlotsen für Touristen**": Sie sind ausgesprochen freundlich und stoppen oftmals den dichten Verkehrsfluss, damit unerfahrene „Langnasen" unversehrt die andere Straßenseite erreichen.

◁ *Kleine ganz groß: die Saigoner gelten als ausgesprochen kinderlieb*

Notrufnummern
➤ **Polizei:** 113
➤ **Feuerwehr:** 114
➤ **Krankenwagen:** 115

Bei medizinischen **Notfällen** rufen die Vietnamesen so gut wie nie den Krankenwagen, da die Anfahrt zu viel Zeit in Anspruch nimmt (wenn das Ambulanzfahrzeug überhaupt kommt!). Stattdessen **winkt man ein Taxi heran** und lässt sich zum Krankenhaus fahren. Eine Liste empfehlenswerter Kliniken findet sich auf S. 113.

Kartenverlust

Im Fall eines Diebstahls oder Kartenverlusts (Kreditkarte, Maestro-/EC-Karte, SIM-Karte) gelten für die meisten deutschen Karten folgende **Sperrnummern:**
➤ Tel. +49 (0) 116116
➤ Tel. +49 (0) 3040504050
➤ Infos: www.sperr-notruf.de, www.kartensicherheit.de

Für Besitzer österreichischer und Schweizer Karten wird dieser Service vorerst nicht angeboten; sie sollten sich vor der Reise über die jeweiligen Sperrnummern informieren.

Bei einem **verlorenen Pass** kann man sich an die jeweiligen diplomatischen Vertretungen bzw. Konsulate (s. S. 102) wenden.

Öffnungszeiten

Eine Regelung wie das deutsche Ladenschlussgesetz kommt den Vietnamesen im besten Falle abstrus vor: Die **Ladenbesitzer** bestimmen selbst, wann sie morgens öffnen und wann sie abends die Tür abschließen. Zumeist bieten sie ihre Waren an **sieben Tagen die Woche** an. Auch wird morgens der Geschäftsbeginn gegen 7/8 Uhr deutlich früher eingeläutet; abends stehen die Verkäufer – je nach Sortiment und Nachfrage – durchaus bis 22/23 Uhr hinter dem Tresen.

In **offiziellen Institutionen** liegt die Geschäftszeit zwischen 7.30 bzw. 8 und 16 bzw. 17 Uhr. Dabei wird die Mittagspause sehr ernst genommen: **Banken**, **Ämter** und auch einige **Museen** schließen für ca. 90 Min. ihre Pforten, häufig im Zeitfenster 11.30–13 Uhr. Auch samstags haben viele Institutionen bis zum Mittag geöffnet; einige **Museen** sind **montags geschlossen**. Die **Märkte** öffnen täglich 7–17/18 Uhr, während das Treiben auf den **Nachtmärkten** erst nach Einbruch der Dunkelheit gegen 19 Uhr beginnt.

Post

Für **Post- und Paketdienste** *(buu dien)* empfiehlt sich definitiv ein Besuch des alten **Central Post Office** ⑩, da man hier das Nützliche mit dem Schönen – der Besichtigung einer architektonischen Perle – verbinden kann. Postkarten und Briefe zu versenden, ist unproblematisch und preiswert. Abhängig vom Zielort und der Versandart muss man für eine **Postkarte** *(buu thiep)* oder einen **Brief** *(thu)* 7000–15.000 Dong (0,35–0,70 US$) an **Porto** einkalkulieren. Als **Air Mail** ist die Karte im Idealfall fünf bis zehn Tage unterwegs, während es auf dem Landweg bis zu einen Monat dauern kann. Die meisten Karten erreichen ihr Ziel.

Möchte man in HCMC ein **Paket aufgeben**, muss man die **offiziellen Kartons** benutzen, die ebenfalls bei der Post erhältlich sind. Die ordentlich gepackte Box darf **nicht verschlossen** sein. Der Schalterbeamte kontrolliert akribisch den Inhalt und notiert ihn auf dem Zollformular. Erst anschließend wird das Paket zugeklebt und auf die Reise geschickt.

Schwule und Lesben

Vietnam ist in puncto Sexualmoral – im Vergleich zu mitteleuropäischen Realitäten – eine eher **konservative Gesellschaft**. Das gilt für voreheliche Heterosexualität, aber auch für die gleichgeschlechtliche Liebe. Besonders in ländlichen Bezirken bestimmt das klassische Mann-Frau-Kind-Modell fast zu 100 % die Sichtweise.

◁ *Selbstständige Geschäftsleute finden immer Zeit für kleine Pausen*

Sicherheit

Umso verwunderter rieben sich um den Jahreswechsel 2012/13 die Leser der offiziellen Zeitungen die Augen: In Hanoier Regierungskreisen wurde offen über die **Idee einer Homo-Ehe** diskutiert und die Zeitungsleser beteiligten sich am Meinungsaustausch in unzähligen Leserbriefen ausgesprochen rege. Aktuell ist noch nichts Konkretes in Gesetzesform gegossen, aber allein schon die **offene Diskussion** darüber ist ein großer Schritt in Richtung Liberalisierung.

In HCMC, der wohl modernsten Stadt des Landes, ist das moralische Weltbild selbstverständlich weniger traditionell als anderswo, wobei man von einer gänzlich toleranten Sichtweise nicht sprechen kann. Trotzdem hat sich eine kleine Untergrundszene mit entsprechenden Anlaufpunkten etabliert, etwa:

- **100** [F4] **Centro Bar,** 11–13 Lam Son Square, Tel. 08 38275946. Offiziell firmiert das Centro als italienisches Restaurant und befindet sich direkt neben dem Caravelle Hotel – also sehr zentral. Besonders am Wochenende findet sich die Gayszene hier ein. Zu später Stunde geht es bei hochprozentigen Cocktails hoch her.
- **101** [C7] **God Mother Bar,** 129 Cong Quynh, www.godmothersaigon.com, Tel. 08 38324589. Am Rande des Backpackerviertels ❶ gelegen, ist „Die Patin" ein kleines Restaurant, eine gemütliche Bar und ein preiswertes Guesthouse (s. S. 124) in einem. Und das alles unter der Regenbogenflagge.
- **102** [bf] **Quan Thuy Linh,** 239/66 A/66 B Tran Van Dang (Phuong 11, Distrikt 3), Tel. 0906 432589 oder 0933 683719. Etwas abgelegen im Distrikt 3, der durchaus als Arbeiterviertel bezeichnet werden kann, findet man ein sehr ungewöhnliches Restaurant. Alle Bedienungen dort sind bzw. waren Männer, kleiden und schminken sich aber betont weiblich. In Thailand sind Ladyboys nichts Ungewöhnliches, in Vietnam hingegen fast unbekannt. Die Chefin, eine „echte" Frau, hält den Laden zusammen und sorgt für gleichermaßen leckere wie authentische vietnamesische Kost.
- **103** [E4] **Window's Park View Café 4,** 12 Alexandre de Rhodes, Tel. 08 38238408. Tagsüber ein nettes Café auf mehreren Etagen mit grüner Außenterrasse und Blick auf den Park vor dem Wiedervereinigungspalast ⓬, wandelt sich das gayfreundliche Lokal abends zum Treffpunkt eines bunten Publikums.

Sicherheit

Im Großen und Ganzen ist HCMC ähnlich gefährlich oder ungefährlich wie andere Städte dieser Größe. Es gibt jedoch einige besondere Formen der Kriminalität oder des Betrugs, die man aus Europa so nicht kennt.

Diebstahl

Millionen von Mopeds befahren die Straßen der Stadt und werden selbstverständlich auch von finsteren Zeitgenossen genutzt. Die mit Abstand häufigste Form des Diebstahls besteht darin, Passanten ihre **Kameras, Taschen oder Rucksäcke aus der Hand oder von der Schulter zu reißen**. Dabei gehen die motorisierten Diebe **immer zu zweit** ans Werk: Der eine fährt und sein Hintermann versucht, den ahnungslosen Touristen im Vorbeifahren ihr Eigentum gewaltsam zu entwenden. Deshalb sollte man seine **Wertgegenstände** immer dicht am Körper transportieren. Es hat sich auch bewährt, das potenzielle Diebesgut auf der dem Verkehr abgewandten Straßenseite zu tragen.

Sicherheit

Ebenso ist das Telefonieren mit dem **Handy** auf der Straße keine gute Idee, da es sehr schnell entrissen werden kann. Lieber eine ruhige, vom Verkehr entfernte Stelle aufsuchen und dort telefonieren. In Restaurants oder Cafés, die zur Straße hin Tische besitzen, gilt ebenfalls: keine Wertsachen auf dem Tisch ablegen, da sie von dort sehr schnell entwendet werden können.

Auf das Tragen von **teurem Schmuck** wie Halsketten oder Ohrringe sollte man in HCMC verzichten: Es kann passieren, dass motorisierte Gangster den Schmuck brutal entreißen, was nicht selten zu bösen Verletzungen führt. Am besten gleich zu Hause lassen oder im Hotelsafe deponieren.

Vorsicht ist auch bei **Taschen- oder Trickdieben** geboten. Areale, in denen viele Menschen auf engem Raum zusammenkommen – also fast überall im Zentrum der Stadt –, sind das Lieblingsrevier der Langfinger. Also nie die Geldbörse in der Gesäßtasche aufbewahren und Taschen im Gedränge immer vor der Brust tragen. Auch gibt es **Berichte von Kinderbanden**, die Postkarten oder Souvenirs anbieten und das anvisierte Opfer in ein Gespräch mit engem Körperkontakt verwickeln. Einfach freundlich auf Abstand zu gehen, ist der beste Schutz. Selbst wenn ein Kaufinteresse besteht, kann man dem auch aus 1,50 m Entfernung nachgehen.

Grundsätzlich gilt: Größere Bargeldsummen, Kreditkarten und der Reisepass haben beim Stadtbummel nichts zu suchen und sollten im **Hotelsafe** deponiert werden.

Bei **Diebstählen** ist diejenige Polizeidienststelle verantwortlich, in deren Gebiet sich der (vermutete) Tatort befindet. Dort muss man den Diebstahl **anzeigen**, denn Versicherungen in der Heimat kommen in der Regel nur für den Schaden auf, wenn man einen **offiziellen Polizeibericht** vorweisen kann. Es empfiehlt sich ein Übersetzer (ggf. an der Hotelrezeption nachfragen), da insbesondere in kleineren Polizeiwachen nicht immer ein Beamter mit Englischkenntnissen vor Ort ist. Die Adresse einer zentral gelegenen Polizeiwache findet sich auf S. 115.

Betrügereien

Die Saigoner sind durchaus kommunikativer als ihre Landsleute im Norden. Bewegt man sich im Distrikt 1 – besonders bei Pausen im Park oder am Wegesrand – wird man regelmäßig angesprochen. Die meisten Gesprächspartner suchen entweder einen Käufer für ihre Produkte oder sie wollen ihr Englisch trainieren. Manchmal wird man aber auch von Leuten **in ein Gespräch verwickelt**, die andere Motive haben. Oft wird dabei versucht, das Vertrauen des Gegenübers zu gewinnen, z. B. indem der Einheimische feststellt, dass ein naher Verwandter bald nach Europa reisen oder auswandern wird. Um vermeintlich mehr über das Heimatland des Touristen zu erfahren, erhält man eine Einladung in das Haus des Einheimischen. Vielleicht neugierig darauf, einmal einen Vietnamesen näher kennen zu lernen, willigt der eine oder andere ein. Nach der Fahrt zum Wohnsitz läuft es relativ flott – geschmückt mit diversen Ausreden und Lügen – auf ein **Kartenspiel um Geld** hinaus. Dabei steht der Verlierer von vornherein fest. Deshalb sollte man sich nur auf nähere, persönliche Kontakte einlassen, wenn man die Person schon länger kennt bzw. häufiger getroffen hat. Gleiches gilt für das „charmante" **Angebot junger Vietnamesinnen**, den Touristen mit dem Moped zum Hotel zu fahren. Häufig werden zu später Stunde allein reisende Männer nach dem Kneipenbesuch angesprochen. Die Fahrt wird definitiv nicht kostenlos bleiben und die möglichen Dienstleistungsangebote sind eindeutig. Häufig geht dabei auch das Portemonnaie des Angesprochenen auf rätselhafte Weise verloren.

Auch **Streitereien mit den Fahrern** der berühmten Fahrrad-Rikschas, die in Vietnam **Cyclos** (s. S. 127) genannt werden, sind an der Tagesordnung. Diese lassen sich vermeiden, indem man den Fahrpreis und die Route **vorher genau aushandelt** (zum genauen Prozedere: s. S. 128). Verzichtet man grundsätzlich auf einen Handelsdialog, etwa aus Mitleid mit den Cyclo-Fahrern, wird sich das am Ende womöglich rächen. „Wenn der Tourist gar nicht handelt, hat er bestimmt so viel Geld, dass am Ende noch mehr für mich rausspringt", mag der eine oder andere geschäftstüchtige Fahrer denken. Über den Preis eines Gutes oder einer Dienstleistung zu **verhandeln**, gehört in Vietnam zum **geschäftlichen Alltag** und hat nichts mit Hartherzigkeit oder Geiz zu tun. Wer es nicht tut, gilt als dumm.

Leider sehr verbreitet sind zudem **unehrliche Taxifahrer.** Wer längere Zeit in HCMC verbringt und sich der Fallstricke einer Taxifahrt nicht bewusst ist, wird mit großer Wahrscheinlichkeit einmal Lehrgeld zahlen. Angefangen mit dem schon fast klassischen Trick, das Ziel nur über große **Umwege** anzusteuern und somit den Fahrpreis in die Höhe zu treiben, bis hin zu **manipulierten Taxametern** reicht das Betrugsspektrum. Spätestens wenn sich die Taxiuhr schneller dreht als eine Primaballerina am Bolschoi-Theater, sollte man skeptisch werden.

Trotz aller genannten Gefahren sollte man sich aber keinesfalls vor lauter Angst im Hotelzimmer einschließen. Mit **gesundem Menschenverstand** und der **Einhaltung der oben dargelegten Grundregeln** ist die Wahrscheinlichkeit, Opfer eines Verbrechens zu werden, sehr gering. Typische Gewaltkriminalität, wie sie etwa in Südamerika an der Tagesordnung ist, existiert in HCMC quasi nicht. Erkundet man die Stadt mit offenen Augen und einer freundlichen Zurückhaltung, ist man auf der sicheren Seite.

Die grün uniformierte Touristenpolizei hilft gerne bei Orientierungsfragen oder der Straßenüberquerung

Sprache

Vietnamesisch ist für Ausländer sehr schwer zu lernen. Als **tonale Sprache** – die Vietnamesen unterscheiden zwischen sechs Tonhöhen und Tonlängen – hat sie mit den in Europa gängigen slawischen, romanischen oder indogermanischen Sprachen kaum etwas gemein. Die Tatsache, dass in der Schriftsprache das **lateinische Alphabet** genutzt wird, kommt Ausländern bei der Orientierung sehr entgegen: Straßenschilder können problemlos gelesen werden, obwohl die korrekte Aussprache damit, zumindest für unsere Ohren, häufig wenig gemein hat.

In den touristisch stark frequentierten Gebieten Vietnams und natürlich in HCMC kommt man zum Glück teilweise mit **Englisch** weiter, wobei das Gros der Bevölkerung mit der globalen Lingua franca wenig am Hut hat. Bei den **jüngeren Vietnamesen** ist Englisch weit verbreitet, während die **ältere Generation** teilweise noch auf das in der Kolonialzeit gelernte **Französisch** zurückgreifen kann. Eine **kleine Minderheit**, oft in der Altersspanne Ende 40 bis Mitte 60, spricht auch **Deutsch**. Die sozialistischen Bruderstaaten Vietnam und DDR pflegten nämlich einen regen Austausch und viele junge Vietnamesen kamen in den 1970er-/1980er-Jahren in den Osten Deutschlands, um eine Berufsausbildung oder ein Studium zu absolvieren.

Mit der **kleinen Sprachhilfe** am Ende des Buches (s. S. 132) können erste sprachliche Gehversuche unternommen werden.

Stadttouren

Walking Tours, Mopedtouren

Eine Vielzahl an Reiseveranstaltern bietet **geführte Stadtführungen** in HCMC an. Aus der Masse der Stadterkundungen ragen die folgenden, etwas individueller konzipierten Angebote heraus:

› **Saigon Stadtführung,** www.saigon-stadtfuehrung.de, Tel. 0939 725599. Deutschsprachige, maßgeschneiderte und zuverlässig organisierte Stadtführungen bietet das deutsch-vietnamesische Paar Christian und Linh an. Besonders populär sind die Erkundungstouren als Sozius auf dem Moped (z. B. „Saigon Adventure", ganztägig inkl. Verpflegung und Eintrittsgelder, 65 €). Auch Rundfahrten auf vier Rädern oder Ausflüge in die Umgebung können gebucht werden, etwa zu den Tunneln von Cu Chi ⓳.

●**104** [E2] **Saigon Street Eats,** 37 Nguyen Dinh Chieu, www.saigonstreeteats.com, Tel. 0908 449408. Saigon kulinarisch zu erkunden, ist das Konzept des vietnamesisch-australischen Paares Vu und Barbara. Auf der Tour „The Pho Trail" erkundet man die morgendliche Gastronomie und Saigons Märkte (Dauer: 4,5 Std.,

◁ *Die vietnamesische Sprache verwendet heute das lateinische Alphabet*

Stadttouren

ab 8.30 Uhr, 50 US$) und auf dem „Seafood Trail" durchstreift man abends Garküchen und Mini-Restaurants auf der Suche nach Wasserschnecken, Meeresfrüchten und kaltem Bier (Dauer: 4 Std., ab 18.30 Uhr, 60 US$).

› **Saigon Unseen,** www.saigonunseen.com, Tel. 0908 317084 u. 0127 9335814. Zwei australische Expats haben es sich zur Aufgabe gemacht, HCMC jenseits der ausgetretenen Touristenpfade zu erkunden: entweder zu Fuß (Dauer: ca. 3 Std., tgl. ab 8.45 Uhr, 25 US$), als Sozius auf dem Moped (Dauer: 4,5 Std., ab 8:30 Uhr, 45 US$) oder – besonders interessant für Freunde der Fotografie – mit einem erfahrenen Fotografen per Motorrad (Dauer: 5 Std., ab 7 Uhr, 105 US$). Treffpunkte nach Absprache.

●**105** [D6] **Vietnam Vespa Adventures,** im Café Zoom, 169 A De Tham, www.vietnamvespaadventures.com, Tel. 0122 2993585 u. 0938 500997. Besonders beliebt sind die Halbtagesausflüge und die abendlichen Entdeckungstouren, bei denen der Reisegast als Sozius auf alten Vespas durch die Stadt düst. Nur als Komplettpaket mit Essen und Getränken buchbar sind die Angebote „The Insider's Saigon" (Dauer: 4,5 Std., tgl. ab 8 u. 12 Uhr) für 65 US$ und „Saigon After Dark" (Dauer: 4 Std., tgl. ab 18 Uhr) für 87 US$.

Bootsausflüge

Eine gute Möglichkeit, die hyperaktive Stadt für einige Stunden hinter sich zu lassen, stellen Bootsausflüge auf dem **Saigon-Fluss** dar. Wer mehr Zeit (und Geld) investieren möchte, kann auch **Ganztagestouren bis ins Mekongdelta** buchen. In den Reisebüros im Backpackerviertel❶ werden diverse Ausflüge angeboten, ebenso bei Saigon River Express (s. S. 122) und bei Saigon Stadtführung (s. S. 120). Oder wie wäre es mit einem Ausflug zum **Strandort Vung Tau** (s. S. 96)? Die meisten Boote legen am **Bach-Dang-Pier**

Xe-Om-Fahrer nutzen ihr Arbeitsgerät gern als Ruhestätte

an und ab. Es befindet sich direkt an der Uferpromenade und schräg gegenüber vom Hotel Majestic (s. Breeze Sky Bar, S. 38). Am Pier lassen sich die **Fahrkartenschalter der Reedereien** direkt aufsuchen:

- **106** [G5] **Bach-Dang-Pier,** Thon Duc Thang. Aktuell existieren Pläne, den Uferbereich rund um den Pier komplett umzugestalten. Deshalb bitte vor Ort über mögliche Änderungen informieren.
- › **Saigon River Express,** www.saigonriverexpress.com, Tel. 0128 5920018. Hier lassen sich interessante Bootstouren in die Umgebung Saigons buchen. Mit dem Schnellboot geht es zu den Tunneln von Cu Chi ⑲, ins Mekongdelta, zu einer Mangroventour oder auf eine Bootsfahrt in den Sonnenuntergang. Die Preise sind jedoch – nicht nur für vietnamesische Verhältnisse – gepfeffert: von 1.697.000 Dong (ca. 80 US$) für Cu Chi (Dauer: 5 Std., ab 7 oder 13.15 Uhr, inkl. Mahlzeit) bis 350 US$ für die Sonnenuntergangstour (Preis gilt für das komplette Boot, plus Zuschläge pro Person). Abfahrt ab Bach-Dang-Pier (s. oben), dort gibt es auch einen Infoschalter.
- **107** [G5] **Saigon River Tour,** 10 B Ton Duc Thang, Tel. 08 62909410. Im Angebot sind diverse Bootstouren zu unterschiedlichen Uhrzeiten auf dem Saigon-Fluss und in die Umgebung der Stadt. Zweistündige Rundfahrten ab 42 US$ p. Pers., inkl. Hotel-Abholservice und Fahrt

zum Bach-Dang-Pier (s. links). Das Informationsbüro befindet sich etwa auf der Höhe des großen Kreisverkehrs.

Telefonieren

Der Festnetzanschluss gilt in HCMC als telekommunikativer Dinosaurier. Abgesehen von Hotels, Geschäften und sonstigen Unternehmen nutzen die meisten Vietnamesen ausschließlich ihr **Mobiltelefon.** Die allgegenwärtigen Handys haben dazu geführt, dass **öffentliche Fernsprecher de facto ausgestorben** sind. Nur an Flughäfen oder Bahnhöfen und in einigen Postfilialen sind sie noch zu finden.

Als Besucher Vietnams kann man selbstverständlich die heimische SIM-Karte nutzen, da fast alle Telekommunikationsunternehmen **internationales Roaming** anbieten; aber die Minutenpreise von drei, vier oder sogar fünf Euro treiben einem die Tränen in die Augen. Da kostet die telefonische Reservierung beim zwei Kilometer entfernten Restaurant mehr als das anschließende Hauptgericht! Deshalb ist es ratsam, sich eine **lokale SIM-Karte auf Prepaid-Basis** zuzulegen. Die meisten **Kioske** bieten solche Karten für wenige Dollar an. Die **großen vietnamesischen Telekommunikationsanbieter** wie VinaPhone, MobiPhone oder Viettel ermöglichen eine gute, landesweite Netzabdeckung und sind nach europäischen Kriterien spottbillig: Für 50.000–100.000 Dong (2,50–5 US$) erhält man eine SIM-Karte, die im Kaufpreis bereits die gleiche Summe zum Vertelefonieren beinhaltet. Somit ist die Karte **praktisch kostenlos.** Die **Preise** der vietnamesischen Prepaid-Anbieter nach Europa liegen bei ca. 1 €/Min. und 0,20 €/SMS. Mit der viet-

Vorwahlen

› Vietnam: 0084
› Deutschland: 0049
› Österreich: 0043
› Schweiz: 0041
› HCMC: 08. Im Buch sind alle Festnetznummern mit Ortsvorwahl angegeben.

namesischen Telefonnummer sind auch Anrufe aus dem Ausland deutlich günstiger.

Zudem sind sehr **preiswerte Flatrates** für das Internet hinzubuchbar (für Handys, Tablets und Laptops). Man sollte allerdings darauf achten, dass das eigene Mobiltelefon keinen SIM-Lock besitzt, da es sonst keine anderen SIM-Karten als die des heimischen Betreibers akzeptiert. Als Alternative empfiehlt sich das Telefonieren übers Internet, z. B. via **Skype**.

Uhrzeit

Die lokale Zeit in HCMC liegt **sechs Stunden vor** der in Deutschland, Österreich und der Schweiz gültigen MEZ. Wenn also in Berlin die Kirchturmuhr 14 Uhr schlägt, beginnen in HCMC die 20-Uhr-Nachrichten. Während der **Sommerzeit** vermindert sich der Zeitunterschied um eine Stunde und Vietnam ist nur noch fünf Stunden vor der mitteleuropäischen Zeit.

Unterkunft

In HCMC gibt es eine praktisch unüberschaubare Zahl an Unterkünften der verschiedensten Kategorien. Dabei reicht das Spektrum von **einfachsten 12-Bett-Zimmern** mit Ventilator und WC im Gang bis hin zu **feinsten Nobelherbergen** der absoluten Oberklasse. Die hier genannten Hotels sind somit eine kleine, aber feine und **empfehlenswerte Auswahl**.

Unterkunftsempfehlungen

🏠**108** [C3] **165 Guest House** $^{\$\$}$, 165 Nam Ky Khoi Nghia, www.165guesthouse.com.vn, Tel. 080 86165. Das 165 Guest House ist eigentlich ein Hotel in Staatsbesitz. Etwas abseits vom Innenstadttrubel gelegen, sind besonders die großen Zimmer attraktiv, die von den oberen Stockwerken einen fantastischen Ausblick über die Stadt erlauben.

🏠**109** [G4] **Aquari Hotel** $^{\$\$\$}$, 9 Thi Sach, www.aquarihotel.vn, Tel. 08 38292828. Das Aquari Hotel befindet sich hinter dem Opera House ❺ im sogenannten japanischen Viertel. Ein komfortables Businesshotel der mittleren Kategorie, das etwas abseits vom Hauptverkehrsstrom liegt und deshalb über relativ ruhige und zugleich komfortable Zimmer verfügt.

🏠**110** [D7] **Bizu Hotel District 1** $^{\$\$}$, 196 u. 198 Bui Vien, www.bizuhotel.com, Tel. 08 38386009. Mitten im Backpackerviertel ❶ gelegen, aber deutlich über Rucksackniveau. Schöne Zimmer im schlichten Boutiquestil und ein optimales Preis-Leistungs-Verhältnis.

🏠**111** [D5] **Cinnamon Hotel** $^{\$\$\$}$, 74 Le Thi Rieng, www.cinnamonhotel.net, Tel. 08 39260130. Ein mit viel Liebe zum Detail eingerichtetes, sehr modernes Boutiquehotel im asiatischen Stil. Nicht im typischen Hotelareal zu finden, trotzdem ausgesprochen zentral.

🏠**112** [C6] **Giang Son Hotel** $^{\$}$, 283/14 Pham Ngu Lao, www.guesthouse.com.vn, Tel. 08 38377547. Das Hotel liegt in einer kleinen Gasse, die die Pham Ngu Lao diagonal mit der Do Quang Dau verbindet, und ist nur per

Preiskategorien

$	bis 25 US$
$$	25–50 US$
$$$	50–100 US$
$$$$	über 100 US$

Die Hotelkategorien gelten für ein Doppelzimmer inkl. Frühstück.

Unterkunft

pedes oder Zweirad erreichbar. In einem der typischen, sehr schmalen Häuser untergebracht, bietet das Giang Son ein gutes Preis-Leistungs-Verhältnis sowie ausgesprochen freundliche, hilfsbereite Rezeptionisten. Seit Kurzem auch mit einem zweiten Haus, das sich in derselben Gasse befindet.

❯ **Guesthouse in der God Mother Bar** (s. S. 117) $-$$. Saubere, geräumige Zimmer in einer gayfreundlichen Unterkunft im Backpackerviertel ❶. Alle Zimmer mit Klimaanlage.

🏠**130** [C7] **Hong Han Hotel** $, 238 Bui Vien, www.honghanhotelhcm.com, Tel. 08 38361927. Eine kleine, aber feine Unterkunft, die mitten im Backpackerviertel ❶ gelegen ist. Das inklusive Frühstück, WLAN und eine überdachte Terrasse mit Blick auf die Bui Vien sprechen – neben den günstigen Zimmerpreisen – für diese Herberge.

🏠**113** [D6] **Kim Khoi 211** $, 181 Pham Ngu Lao, Tel. 08 38361729. Direkt an einer der zwei Hauptachsen des Backpackerviertels ❶ gelegen, kann man in HCMC kaum zentraler unterkommen. Einfache, aber saubere Zimmer und eine 24 Std. besetzte Rezeption sprechen für dieses 2-Sterne-Haus. Die Zimmer in den oberen Stockwerken sind in der belebten Gegend die bessere Wahl für eine gesegnete Nachtruhe.

🏠**114** [D6] **Kim Kim Hotel** $, 23 Nguyen Van Trang, Tel. 08 38324152. Dieses Mini-Hotel mit sechs Zimmern wäre eigentlich nichts Besonderes, würde es nicht von zwei charmanten Schwestern mit hervorragenden Englischkenntnissen geleitet. Beide stehen dem Gast Tag und Nacht mit Rat und Tat zur Seite und betreiben parallel zum Hotel noch einen Friseursalon, durch den man das Hotel auch betritt.

🏠**115** [D6] **Le Duy Hotel** $$, 18–20 Nguyen Thi Nghia, www.leduyhotel.vn, Tel. 08 39252090. Solides Mittelklassehotel mit Frühstücksraum im 12. Stock. Die funktionellen Zimmer sind mit großem Fernseher und Zimmersafe ausgestattet.

🏠**116** [E5] **Liberty Central Hotel** $$$$, 177–179 Le Thanh Ton, www.libertycentralhotel.com, Tel. 08 38239269. Schnörkelloses, dennoch anspruchsvolles Haus, das neben dem schmackhaften Frühstücksbuffet (morgens sogar mit Sushi!) insbesondere durch seine Lage auftrumpft: Den Ben-Thanh-Markt ❸ erreicht man zu Fuß in nur 1 Min.

🏠**117** [D6] **New World Saigon Hotel** $$$$, 76 Le Lai, www.saigon.newworldhotels.com, Tel. 08 38228888. Von außen ist das New World ein mächtiger, architektonisch wenig ansprechender Klotz. Die inneren Werte des mit 533 Zimmern und Suiten ausgestatteten Hoteltempels sind jedoch absolut erstklassig. Grandioses, sehr reichhaltiges Frühstücksbuffet.

🏠**118** [D6] **Ngoc Minh Hotel** $, 283/11–13 Pham Ngu Lao, www.ngocminhhotel.net, Tel. 08 38365215. Das Hotel in einer kleinen Seitengasse bietet alles, worüber man sich als aktiver Stadturlauber freut: ein sauberes Zimmer, ein bequemes Bett und einen einmaligen, hübsch begrünten Dachgarten für das Frühstück oder das abendliche Bier.

🏠**119** [F5] **Tan Hoang Long Hotel** $$, 84 Mac Thi Buoi, www.tanhoanglong-hotel.com, Tel. 08 38270009. In der Nähe der Edelmeile Dong Khoi gelegen, sind von diesem Hotel aus fast alle Sehenswürdigkeiten zu Fuß erreichbar. Schlichte, saubere Zimmer.

🏠**131** [C5] **Town House 50** $$, 50 E Bui Thi Xuan, Tel. 09 38200205. Das Town House 50 ist ein stilsicher eingerichtetes Boutiquehotel der preiswerten Kategorie. Neben dem hilfsbereiten Personal ist das reichhaltige, mit viel frischem Obst angerichtete Frühstücksbuffet ein überzeugender Pluspunkt. Etwas abseits der Touristenströme, aber trotzdem zentral.

Verhaltenstipps

Der allgemeine **Kleidungsstil** in Vietnam ist **konservativer** als in Europa. Ausländischen Besuchern wird die kurze Hose und das schlichte T-Shirt zwar nachgesehen, doch insbesondere in ländlichen Regionen ist die Verwunderung groß: „Die sind so reich, können sogar mit dem Flugzeug reisen, aber kleiden sich wie Mittellose." Fazit: Man muss sich bezüglich seines Kleidungsstils nicht verbiegen, aber leger gekleidet bedeutet nicht, dass man ungepflegt und schmutzig durch die Lande zieht. Auch sollte man **nicht zu viel Haut zeigen**, da das besonders in **religiösen Stätten** schnell anstößig wirkt.

Konservativ bis zurückhaltend ist auch der **Umgang der Geschlechter** miteinander. Intimere Verhaltensweisen als Händchenhalten wird man von Vietnamesen in der Öffentlichkeit kaum zu sehen bekommen. Auch Besucher sollten diese ungeschriebene Regel respektieren.

Vor dem Betreten eines privaten Hauses **zieht man die Straßenschuhe aus**. Einige **Tempel und Pagoden** darf man ebenfalls nur barfuß oder in Socken betreten. Deshalb auf entsprechende **Hinweisschilder** achten.

Lernt man Vietnamesen persönlich kennen, wird man innerhalb der ersten Minuten mit – aus unserer Sicht – sehr **persönlichen Fragen** gelöchert: Alter, Familienstand, Kinder, Beruf ... Das ist einerseits die vietnamesische Neugier, andererseits handelt es sich um Informationen, die der Fragende benötigt, um die **zwischenmenschliche Hierarchie** erfassen zu können. Grundsätzlich gilt z. B., dass der Ältere in der vietnamesischen Sprache immer mit einer respektvolleren Bezeichnung angesprochen wird. Übrigens: Mit entsprechend persönlichen Gegenfragen haben die Vietnamesen nicht das geringste Problem.

Auch wenn man immer wieder mit Verkaufsangeboten von Händlern oder Xe-Om-Fahrern bombardiert wird, sollte man **nie ausfallend werden**. Ein **freundliches Kopfschütteln** ist in der Regel ausreichend und beleidigt niemanden. Kurzum: Mit positiver Attitüde, respektvollem Umgang und gesundem Menschverstand sollte der Besuch in Vietnam ein bereicherndes Erlebnis werden.

Verkehrsmittel

Taxi

Im gesamten Stadtgebiet von HCMC wimmelt es nur so von Taxis. Zehntausende drängeln sich auf den überfüllten Straßen; besonders im zentralen Distrikt 1 wird man kaum länger als 60 Sekunden benötigen, um ein Taxi heranzuwinken oder am Straßenrand auszumachen. In der Hitze der Stadt sind die **zumeist klimatisierten Gefährte** eine kühle Oase. Beachtet man einige **Grundregeln**, ist das Taxi als Beförderungsmittel im Nahverkehr unschlagbar:

Es ist ratsam, ausschließlich **mit Taxameter** fahren und auf dessen Einsatz zu bestehen. Weigert sich der Fahrer, kann man einfach wieder aussteigen. Weitere mögliche Betrugsversuche werden im Unterpunkt „Sicherheit" erläutert (s. S. 118).

Eine Empfehlung sind die beiden **etablierten Taxiunternehmen Mai Linh** (weiß-grüne Fahrzeuge) und **VinaSun** (weiße Taxis mit einem roten und einem grünen Streifen), die ausschließlich **lizenzierte Fahrer** einsetzen.

Weiterhin sollte man auf sogenannte **Fake Taxis** achten. Diese suggerieren durch ihre Beschriftung eine angesehene Taxifirma, sind aber schnöde Trittbrettfahrer. Oft steht an der Taxitür ein falsch geschriebenes „Mei Lin" oder „VinaSon" und die Lackierung stimmt nicht mit dem Original überein. Diese Taxis gehen ihrem Geschäft besonders häufig in der Nähe der touristischen Magnete nach. Sollte mal kein seriöses Taxi aufzutreiben sein, empfiehlt es sich daher, von der Rezeption eines Hotels eine **telefonische Bestellung** aufgeben zu lassen. Um ans gewünschte Ziel zu gelangen, sollte man einige Tipps beherzigen (s. Kasten rechts).

Was die **Fahrpreise** betrifft, sollte man zur groben Orientierung folgende **Richtwerte** im Hinterkopf behalten:
› **Startpreis inkl. der ersten 800–1000 m:** je nach Taxiunternehmen 12.000–15.000 Dong (ca. 0,60–0,75 US$)
› **Jeder weitere Kilometer:** 6000–7000 Dong (ca. 0,30 US$)

Xe Om (Moped-Taxi)

„Hey you!", „Hello Madame/Hello Mister" oder schlicht „You need taxi?" sind oftmals die ersten Worte, die man in Saigon vernimmt. Die allgegenwärtigen Mopedfahrer warten praktisch an jeder mittleren bis großen Straßenkreuzung mit ihren Zweirädern auf Kundschaft. **Xe Om** heißt übersetzt soviel wie „**Umarmungstaxi**". Die Wortbedeutung erschließt sich umgehend, wenn man eine Mopedsitzbank vor Augen hat: Vorne sitzt der Fahrer und dahinter der Fahrgast. Um beim flotten Anfahren nicht rücklings vom Zweirad zu plumpsen, muss man sich festhalten. Das geht entweder rückwärts gewandt am Gepäckträger oder man klammert sich eben am Fahrer fest und „umarmt" ihn dabei. Dabei ist es jedoch eher ungewöhnlich, dass ein männlicher Fahrgast den männlichen Fahrer umarmt – eher hält er sich an der Schulter oder am Gepäckträger fest. Gegen umarmende weibliche Fahrgäste haben die wenigsten Xe-Om-Fahrer etwas einzuwenden.

In der chaotischen Realität des Saigoner Straßenverkehrs ist das Xe Om zweifelsfrei die **schnellste und preiswerteste Art des Vorwärtskommens**. Die Fahrer kennen sich in ihrer Stadt perfekt aus und nutzen jegliche Art der Abkürzung – sogar durch

---

EXTRAINFO

Zuverlässig ans Ziel kommen
Um sprachliche Missverständnisse bei der Fahrt mit dem Taxi (s. S. 125) oder dem Xe Om (s. unten) zu vermeiden, empfiehlt es sich, einen **Zettel mit dem Namen des gewünschten Fahrziels** mitzunehmen. Als ausgesprochen hilfreich haben sich dabei die **Rezeptionisten der Hotels** erwiesen. Dort kann man sich den Namen der Destination auf ein Stück Papier schreiben lassen, das man dem Fahrer einfach zeigt. Auch sollte man immer eine **Visitenkarte seiner Unterkunft** in der Hosentasche haben, damit man stets zurückfindet. Ist man zu einem Ziel unterwegs, das in diesem Reiseführer erwähnt ist, gibt es einen weiteren Trick, um verwirrten Fahrern bei der Orientierung zu helfen: Man lässt den Fahrer einfach die **Telefonnummer des Cafés oder Museums** anrufen und er bekommt **fernmündlich die Wegbeschreibung**. Die Saigoner Taxi- und Mopedfahrer haben nämlich immer ein Handy dabei!

schmalste Gassen oder mitten durch die Stände eines gut besuchten Marktes.

Wer **vor der Fahrt einen Festpreis vereinbart**, riskiert auch nicht, dass die Fahrer die Fahrtzeit länger als nötig gestalten. Doch zunächst heißt es, dem Fahrer das **Fahrziel** zu vermitteln: Nur sehr wenige sprechen Englisch, aber mit Stift und Block oder Händen und Füßen klappt es eigentlich immer (Tipps hierzu s. S. 126). Nun beginnt das Aushandeln des **Fahrerhonorars**. In HCMC sollte man mit 10.000–15.000 Dong (ca. 0,50–0,75 US$) pro Kilometer kalkulieren. Kennt man die Länge der Fahrstrecke nicht, kann man als **Faustregel** ca. 40 % der vom Fahrer geforderten Summe bieten, um ihm dann ein wenig entgegenzukommen und sich final auf 50 % zu einigen. Ausgesprochen hilfreich sind dabei eine **freundlich-offene Attitüde** und ein **Lächeln** im Gesicht. Schließlich streitet man nicht, sondern sucht einen gemeinsamen Kompromiss. Sind alle Unklarheiten beseitigt, hält der Fahrer dem Gast meist schmunzelnd einen **Helm vor die Brust.** Das gilt in Xe-Om-Kreisen so viel wie ein unterschriebener Vertrag in unseren Breiten. Man befestigt den Helm unterm Kinn und stürzt sich in das Abenteuer des Saigoner Straßenverkehrs.

Cyclo (Fahrrad-Rikscha)

Wer sich HCMC aus **erstklassiger Perspektive** und in **gemütlichem Tempo** anschauen möchte, kommt an den Cyclos nicht vorbei. Ähnlich wie beim Xe Om (s. S. 126) befindet sich der Fahrgast mitten im Trubel, kann aber wegen der überschaubaren Geschwindigkeit rechts und links deut-

Cyclo-Fahrer warten vorwiegend im touristischen Zentrum auf Kundschaft

lich mehr wahrnehmen und aus dem gepolsterten Sitz heraus ausgesprochen gut fotografieren oder filmen (dabei aber das technische Gerät gut festhalten und mit der Schlaufe sichern!).

Kurze, nur wenige Minuten dauernde Fahrten sind verhältnismäßig teurer, empfehlenswerter sind deshalb **längere Rundfahrten** z. B. vom Cho Ben Thanh (Ben-Thanh-Markt) ❸ nach Cholon oder zur Pagode des Jadekaisers ⓰.

Pro Stunde und Cyclo sollte man mit mindestens 50.000– 60.000 Dong (ca. 2,50–3 US$) rechnen. Um nach einer Rundfahrt nicht in eine Diskussion über den Fahrpreis zu geraten, empfiehlt es sich, die **Konditionen vorher detailliert auszuhandeln.** Dabei geht es um die Fahrzeit, die zu besuchenden Sehenswürdigkeiten und die Frage, ob der Preis pro Person oder pro Cyclo gilt. Erst wenn diese Details abgesprochen und am besten noch ein zweites Mal bestätigt wurden, kann man über den Gesamtfahrpreis verhandeln. Auch das **schriftliche Fixieren des Preises** in der entsprechenden Währung auf einem Stück Papier kann eventuelle Diskussionen nach der Rundfahrt vermeiden helfen.

Xe Buyt (Linienbus)

Das **preiswerteste Fortbewegungsmittel** in HCMC ist, abgesehen von den eigenen Füßen, das öffentliche Busnetz. Für nur **5000 Dong** (ca. 0,25 US$) erhält man einen **Fahrschein**, der zur Fahrt im Stadtgebiet

◿ *Am Busbahnhof in Cholon enden die Busse der Linie 1*

◿ *Regenwolken über Saigon: gelegentliche Schauer sind üblich*

Versicherungen, Wetter und Reisezeit

berechtigt (entfernte Vororte kosten einen kleinen Aufschlag). Das Ticket kauft man zumeist bei den **Schaffnern**, die in jedem Bus mitfahren, manchmal auch direkt beim **Fahrer**.

Leider gibt es für die über 150 Buslinien von HCMC **kaum öffentliche Busübersichtspläne**. Deshalb informiert man sich am besten am zentral gelegenen **Busbahnhof Ben Thanh** – von hier aus erreicht man alle wichtigen Ziele innerhalb der Stadt:

- **120** [E6] **Busbahnhof Ben Thanh**, Tran Hung Dao, gegenüber dem Ben-Thanh-Markt ❸, Tel. 08 38214444

Die meist klimatisierte **Buslinie 1** ist sehr praktisch, da sie vom Busbahnhof Ben Thanh innerhalb von 20–25 Min. mehrmals pro Stunde **nach Cholon** fährt. Die Endstation der Linie 1 am Busbahnhof Cholon liegt keine fünf Gehminuten vom großen Markt Cho Binh Tay ⓱ entfernt.

Wer die **Tunnel von Cu Chi** ⓳ oder den **Cao-Dai-Tempel in Tay Ninh** ⓴ besichtigen möchte, macht das am besten über die dort empfohlenen Touranbieter, da die regulären Linienbusverbindungen mit mehrmaligem Umsteigen verbunden sind.

Versicherungen

Für Vietnam sind keine speziellen Versicherungen erforderlich. Jedoch empfiehlt es sich, wie für die meisten Fernreiseziele, eine **Reisekrankenversicherung** abzuschließen, die etwaige Krankheiten, Verletzungen oder im Notfall auch den **Rücktransport** abdeckt.

Die Police für eine Reisekrankenversicherung kostet pro Jahr nur wenige Euro, ein stationärer Aufenthalt in einem internationalen Krankenhaus in Vietnam beläuft sich schnell auf einige Tausend Euro – also nicht am falschen Ende sparen.

Wetter und Reisezeit

Südvietnam befindet sich klimatisch in der **tropischen Zone**; die Temperaturen pendeln gefühlt zwischen warm, heiß und sehr heiß. Das macht einerseits die Kleiderauswahl sehr einfach, andererseits ist es in den sehr heißen Perioden auch ungemein anstrengend und schweißtreibend, sich in HCMC außerhalb der klimatisierten Bereiche zu bewegen.

Wetter und Reisezeit

Grundsätzlich gibt es **nur zwei Jahreszeiten**: die Trocken- und die Regenzeit. Die **Trockenzeit** dauert von Dezember bis April und ist bis Ende Februar durch relativ moderate Tropentemperaturen gekennzeichnet, während es ab Mitte/Ende März manchmal unerträglich heiß werden kann. Nur wenige Regentage charakterisieren diese Periode. Der Monatswechsel April/Mai markiert den Beginn der **Regenzeit**. Die teils massiven Niederschläge führen zu einer leichten, von allen Stadtbewohnern herbeigesehnten Abkühlung. Nicht selten kommt es vor, dass die Kanalisation überfordert ist, da ausgesprochen viel Regen vom Himmel stürzt und die Straßen zentimeterhoch unter Wasser stehen. Aufgrund ihrer südlichen Lage wird die Stadt **im Herbst von Tropenstürmen verschont** und die Taifune, die über das südchinesische Meer heranbrausen, treffen mit ihrer zerstörerischen Kraft ausschließlich in Zentral- oder Nordvietnam auf Land.

Da die **beste Reisezeit von Mitte November bis Februar** genau in den europäischen Winter fällt, ist es wenig verwunderlich, dass die meisten Touristen HCMC gerade in dieser Periode besuchen. Aber auch im Sommer lohnt sich eine Reise. Da die **Regenfälle** meist **in ein bis zwei Stunden wolkenbruchartig** vom Himmel stürzen, gibt es so etwas wie lang anhaltenden Dauerregen nur ausgesprochen selten. Danach klärt es oft wieder auf und das reinigende Gewitter hat für saubere, frische Luft gesorgt. **Hitzeempfindliche Menschen** sollten die Tropenmetropole von Mitte März bis Mitte Mai zwar meiden, ansonsten ist HCMC aber ein **ganzjähriges Reiseziel**.

▷ *Auf dem Moped lässt sich in Vietnam wirklich alles transportieren*

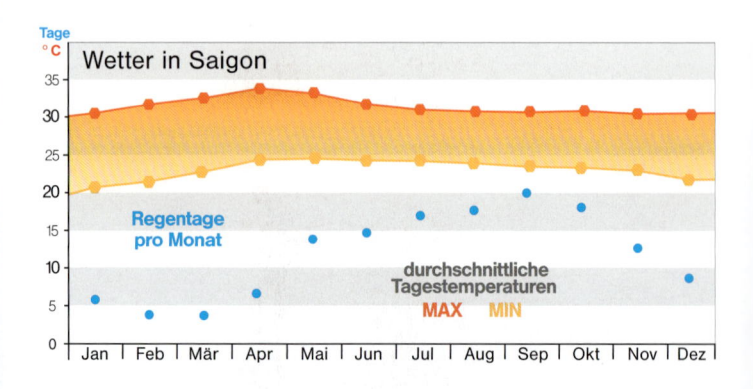

Wetter in Saigon

Regentage pro Monat

durchschnittliche Tagestemperaturen MAX MIN

Anhang

Kleine Sprachhilfe Vietnamesisch

Das **moderne vietnamesische Alphabet** (quốc ngữ) wurde im 17. Jh. von dem Missionar Alexandre de Rhodes auf der Grundlage der **Lateinschrift** geschaffen. Es gibt einige **Zusatzzeichen**: Die Buchstaben ơ und ư bezeichnen zwei eigene Vokale mit besonderer Aussprache. Das Zusatzzeichen ˘ bei ă weist auf die Kürze des Vokals hin, das ˆ bei â, ê und ô auf eine „geschlossene" Aussprache. Der Buchstabe đ bezeichnet unseren Laut „d" (wie „Dackel"), während d als stimmhaftes „s" wie in „Sonne" gesprochen wird.

Nähere Infos liefert der Kauderwelsch-Band „Vietnamesisch – Wort für Wort" vom Reise Know-How Verlag.

Aussprache

a	langes, klar ausgesprochenes „a" wie in „Rat"
ă	kurzes, etwas dunkleres „a" wie in „Hammer"
â	wie gemurmeltes unbetontes „e" in „Schule"
c, k, q	„k", aber unbehaucht, Tendenz zum „g", am Wortende werden c, p, t nur leicht angedeutet
ch	„tch" in „Brötchen"), am Wortende fast wie angedeutetes „k"; Süd: am Wortende wie „t"
d, gi	„s" in „Salat"; Süd: wie „j" in „ja";
đ	„d" wie in „Dame", etwas gepresst
e	offenes „e" bzw. „ä" in „Bär"
ê	geschlossenes „e" wie in „legen"
g, gh	ähnlich wie „g" in „Garten", aber geriebener (stimmhaftes Gegenstück zu kh); gi ist anders!
h	wie „h" in „Haus" (nur wenn Einzelbuchstabe!)
i, y	„i" wie in „Biene"
kh	stimmloses „ch" wie in „ach"
ng, ngh	wie „ng" in „Angel", auch am Wortanfang!
nh	am Wortanfang „nj" wie in „Anja"; am Wortende etwas weicher als „ng" in „Ring"
o	offenes „o" wie in „offen"
ô	geschlossenes „o" wie in „Ofen"
ơ	Murmellaut, langes Gegenstück zum â, ähnlich „ö" in „köstlich", aber ohne Lippenrundung, bzw. wie „e" in „Schule"
ph	„f" wie in „Finger"
r	ebenso wie d und gi ein stimmhaftes „s" wie in „Salat"; regional stark abweichende Aussprache
s	scharfes, stimmloses „s" in „Ast"; Süd: „sch"
t	unbehauchtes „t", Tendenz zum „d"
th	behauchtes „t" wie in „tauchen"
tr	„tch" wie „Brötchen"; Süd: engl. „tr" wie in „tree"
u	„u" wie in „rufen"

+++ NEU: Die wichtigsten Wörter mit dem Bonus-Audiotrack des Kauderwelsch-

Kleine Sprachhilfe Vietnamesisch

ư	Murmellaut, nicht wie das deutsche „ü", sondern wie „u" oder undeutliches „i" ganz hinten ohne Lippenrundung gesprochen
v	„w" wie in „Wasser", etwas gepresst
x	scharfes, stimmloses „s" wie in „Aster"

Nichts verstanden? – Weiterlernen!

Ich spreche kaum Vietnamesisch.	Tôi mới nói được ít tiếng Việt thôi. ich erst sprechen können wenig Sprache vietnamesisch nur
Ich verstehe nicht	Tôi không hiểu. ich nicht verstehen
Ich möchte Vietnamesisch lernen.	Tôi muốn học tiếng Việt. ich wollen lernen Sprache vietnamesisch
Wie bitte?	Anh nói sao? Bruder sprechen wie
Ich verstehe.	Tôi hiểu. ich verstehen
Wie heißt das auf Vietnamesisch?	Cái này tiếng Việt gọi là gì? Ding dieses Sprache vietnamesisch nennen sein was
auf Deutsch	(bằng) tiếng Đức
auf Englisch	(bằng) tiếng Anh
auf Französisch	(bằng) tiếng Pháp
Spricht hier jemand Englisch?	Ở-đây có ai biết tiếng Anh không? hier haben wer können Sprache englisch nicht
Wiederholen Sie bitte!	Xin nhắc-lại! bitten wiederholen
Können Sie mir übersetzen?	Nhờ chị dịch hộ cho tôi! hoffen Schwester übersetzen helfen für ich
Sprechen Sie bitte langsamer!	Đề-nghị bà nói chậm hơn. vorschlagen Frau sprechen langsam mehr
Können Sie mir das bitte aufschreiben?	Xin ghi hộ cho tôi chữ này. bitte notieren helfen für ich Wort dieses

Die wichtigsten Floskeln und Redewendungen

dạ – không	ja – nein
cảm ơn – xin mời	danke – bitte
Xin chào!	Seien Sie gegrüßt! (Gruß für alle Gelegenheiten)
Anh có khỏe không?	Wie geht es Ihnen?
Cám ơn, tôi khỏe.	Danke, mir geht es gut.
Tôi không được khỏe.	Ich fühle mich nicht wohl.

AusspracheTrainers auf PC oder Smartphone lernen (siehe Umschlag hinten) +++

Anhang
Kleine Sprachhilfe Vietnamesisch

Xin chào!	Guten Tag!
Xin mời ông vào đây.	Kommen Sie bitte herein.
Tạm biệt!	Auf Wiedersehen!
Xin giúp tôi!	Bitte helfen Sie mir!
Tôi (không) đồng ý.	Ich bin (nicht) einverstanden.
Có lẽ.	Vielleicht.
Chúc sức khỏe!	Prost! (Auf die Gesundheit!)
Xin lỗi!	Entschuldigung!

Die wichtigsten Fragen und Sätze

Ở-đây có bán ... không?	Gibt es hier ... (zu kaufen)?
Tôi muốn/phải ...	Ich möchte/muss ...
Tôi thích ...	Mir gefällt ...
Tôi cần ...	Ich brauche ...
Anh/chị cho tôi ...	Geben Sie mir ...
Ở-đâu có bán ...?	Wo gibt es ... (zu kaufen)?
... bao nhiêu tiền?	Wie viel kostet ...?
... ở-đâu?	Wo ist/befindet sich ...?
Xin cho tôi xem ...	Bitte zeigen Sie mir ...
Muốn đến ... phải đi đâu?	Wohin geht es zu/nach ...?
Anh làm ơn chỉ giúp đường đến ...	Bitte zeigen Sie mir den Weg zu/nach ...
Đề nghị ông giúp tôi!	Ich brauche Ihre Hilfe!

Die Zahlen

0	không		21	hai mươi mốt
1	một		22	hai mươi hai
2	hai		23	hai mươi ba
3	ba		24	hai mươi bốn
4	bốn		30	ba mươi
5	năm		40	bốn mươi
6	sáu		50	năm mươi
7	bảy		60	sáu mươi
8	tám		70	bảy mươi
9	chín		80	tám mươi
10	mười		90	chín mươi
11	mười một		100	một trăm
12	mười hai		200	hai trăm
13	mười ba		300	ba trăm
14	mười bốn		400	bốn trăm
15	mười lăm		500	năm trăm
16	mười sáu		600	sáu trăm
17	mười bảy		700	bảy trăm
18	mười tám		800	tám trăm
19	mười chín		900	chín trăm
20	hai mươi		1000	một nghìn

Kleine Sprachhilfe Vietnamesisch

Die wichtigsten Fragewörter

ở đâu?	wo
ai?	wer?
(cái) gì?	was (für ein)?
làm sao?	wie?
đi đâu?	wohin?
bao giờ?	wann?
tại sao?	warum?
bao nhiêu?	wie viel?

Die wichtigsten Zeitangaben

hôm qua	gestern
hôm nay	heute
ngày mai	morgen
hàng ngày	täglich
buổi sáng	morgens
buổi trưa	mittags
buổi chiều	nachmittags
buổi tối	abends
ban đêm	nachts
(ngày) thứ hai	Montag
(ngày) thứ ba	Dienstag
(ngày) thứ tư	Mittwoch
(ngày) thứ năm	Donnerstag
(ngày) thứ sáu	Freitag
(ngày) thứ bảy	Samstag
(ngày) chủ nhật	Sonntag

zusammengesetzte Hauptwörter

phòng	Zimmer
ngủ	schlafen
phòng ngủ	Schlafzimmer
nhà	Haus
khách	Gast
nhà khách	Gästehaus
vé	Karte, Billet
máy-bay	Flugzeug
vé máy-bay	Flugticket
hành-lý	Gepäck
vé hành-lý	Gepäckschein
màn	Vorhang, Gardine
muỗi	Mücke
màn muỗi	Mückennetz

Die wichtigsten Richtungsangaben

tay phải	rechts
rẽ phải	nach rechts
tay trái	links
rẽ trái	nach links
thẳng	geradeaus
quay (trở) lại	umkehren
đối diện	gegenüber
cứ đi thẳng	immer weiter
xa	weit
gần	nah
ngã tư	Kreuzung (4fach)
đèn giao thông	Ampel
ngã ba	Gabelung (3fach)
trung tâm	Zentrum
ngoài	außerhalb
ngay đây	gleich hier
(ở) đây/đó	hier/dort
gần đây	in der Nähe

Restaurantbegriffe

hiệu ăn, quán ăn	Restaurant
ăn	essen
uống	trinken
đói	hungrig (sein)
khát	durstig (sein)
no	satt
bữa (ăn)	Mahlzeit
bữa ăn sáng	Frühstück
bữa ăn trưa	Mittagessen
bữa ăn chiều	Abendessen
thực-đơn	Speisekarte
món-ăn	Gericht, Speise
món-ăn chơi	Vorspeise
đồ tráng-miệng	Dessert
nĩa	Gabel
muỗng	Löffel
dao	Messer
tô	Schale
đũa	Stäbchen
đĩa	Teller
ly	Trinkglas
thịt	Fleisch
cá	Fisch

Weitere Titel für die Region von REISE KNOW-HOW

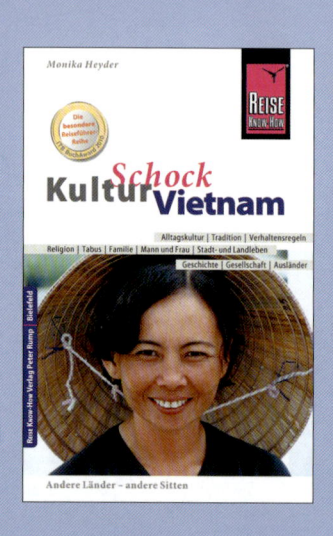

Ausgezeichnet von der Internationalen Tourismusbörse 2010 mit dem Preis "Besondere Reiseführer-Reihe"!

KulturSchock Vietnam
Monika Heyder
978-3-8317-1629-6
348 Seiten

14,90 Euro [D]

Der Kulturführer beschreibt die Denk- und Verhaltensweisen des Landes. Geschichtliche, religiöse und soziale Hintergründe, die zu diesen Lebensweisen führen, werden erklärt. Familienleben, Moralvorstellungen und Anstandsregeln werden genauso erläutert wie das Verhältnis zum Ausland oder die landestypischen Besonderheiten von Sprache und Musik. Damit bietet das Buch eine Orientierung im Alltag des fremden Landes. Besonders nützlich sind die ausführlichen Verhaltenstipps für Geschäftsreisende, Urlauber und und diejenigen, die einen längeren Aufenthalt in Vietnam planen.

www.reise-know-how.de

Foto: Kothmann/Bühler

Vietnam

H. Kothmann / W.-E. Bühler

978-3-8317-2235-8

696 Seiten
52 Stadtpläne und Karten
24 Seiten Atlas Indochina

24,90 Euro [D]

Reisepraktische Informationen von A bis Z
Aktuelle Gesundheitsinformationen
Sorgfältige Beschreibung aller sehenswerten Orte und Landschaften
Tipps für Aktivitäten | Ortspläne und Karten
Unterkunftsempfehlungen für jeden Geldbeutel
Hinweise zu allen Transportmöglichkeiten | Kulinarische Tipps
Ausführliche Kapitel zu Geschichte, Gesellschaft, Kultur & Natur
Kleine Sprachhilfe Deutsch – Vietnamesisch | Viele ansprechende Fotos

www.reise-know-how.de

Register

A
Abendessen 28
Aerobic 62
Agent Orange 81, 82
Andenken 21, 60
An- und Rückreise 98
A O Shows 66
Arzt 113
ATM 106
Ausrüstung 101
Autofahren 100

B
Bach-Dang-Pier 122
Backpackerviertel 60
Bao Tang Chung
   Tich Chien Tranh 80
Bao Tang
   Ho Chi Minh 42
Bao Tang Lich Su 83
Bao Tang My Thuat 42
Bao Tang
   Phu Nu Nam Bo 43
Bao Tang Thanh
   Pho Ho Chi Minh 71
Barrierefreiheit 102
Bars 38
Ben-Thanh-Markt 62
Benutzungshinweise 5
Betrügereien 118
Bewohner Saigons 52
Binh-Tay-Markt 86
Bitexco
   Financial Tower 64
Bootsausflüge 121
Botanischer Garten 84
Botschaften 102
Briefmarken 116
Bücher 20
Buchtipps 111
Buddhismus 84
Bui Vien 60
Bus 128
Busbahnhof 129
Buu Dien Trung Tam 72

C
Cafés 35
Cao-Dai-Tempel 94
Cathédrale Notre-Dame 74
Central Post Office 72
Champa-Reich 84
China 88
Chinatown 86
Chinesische Heilkunde 92
Cho Ben Thanh 62
Cho Binh Tay 86
Cholon 86
Chua Ngoc Hoang 84
Cong Vien 23 Thang 9 61
Cong Vien Tao Dan 79
Cu Chi 92
Cyclo 127

D
Denguefieber 108
Diebstahl 117
Dien Bien Phu 69
Dinh Doc Lap 76
Dinh Thong Nhat 75
Distrikt 1 60
Distrikte 50
Doi-Moi-Reformen 77
Dong 105
Drive-in 13
Drogerien 113
Durchfall 109

E
EC-Karte 106, 115
Eiffel, Gustave 72
Einkaufen 15
Einkaufstipps 16
Einkaufszentren 17
Ein- und Ausreise-
   bestimmungen 103
Einwohnerzahl 50
Eiscafés 35
Elektrizität 105
Elektronikbedarf 20
Englisch 120
Essen und Trinken 22
Euro 106

F
Fahrrad-Rikscha 127
Feiern 44
Feiertage 46
Feilschen 16
Feste 44
Filmen 105
Filmtipps 111
Fine Arts Museum 42
FITO Museum 43
Flüge 98
Flughafen 98
Folklore-Shows 66
Fotografieren 105
Französisch 120
Frequent Wind 78
Frühstück 28
Führungen 120

G
Galerien 44
Garküche 25
Garküchen 8, 60
Gassen 53
Gastronomie 22
Geldfragen 105
General Tran
   Nguyen Han 64
Geschichte 54, 84
Geschichtsmuseum 83
Gesundheitsvorsorge 108
Getränke 24

H
Handeln 16
Handy 122
HCMC 9
Heilkunde 92
Hem 53
History Museum 83
Ho Chi Minh 68
Ho Chi Minh City Ballet
   Symphony Orchestra 66
Ho-Chi-Minh-Denkmal 69
Ho Chi Minh Museum 42
Ho-Chi-Minh-Stadt
   (Name) 9

Register

Hôtel de Ville 70
Hot Pot 29
Hundefleisch 26
Huyen 50
Hygiene 108

I, J
Imbisse 37
Impfungen 109
Informationsquellen 110
Internationale
 Restaurants 30
Internet 112
Jadekaiser 85

K
Kanäle 51
Karaoke 40
Kartensperrung 115
Katholizismus 76
Kaufhäuser 17
Khmer 54, 84
Kinder 114
Kinderpass 103
Kioske 17, 60
Kleidung 101
Kliniken 113
Klubs 38
Konsulate 102
Kontaktlinsen 109
Konzerte 40
Kosten 107
Krankenhäuser 113
Kreditkarte 106, 115
Kriegsrelikte-
 Museum 80
Küche 23
Kunst 42
Kunstgalerien 44

L
Landesküche 23
Landkreise 50
Leitungswasser 109
Lesben 116
Linienbus 128
Literaturtipps 111

Livemusik 38
Lokale 30
Lounges 38

M
Maestro-Karte 106, 115
Malaria 109
Märkte 18
Markthallen 18
Maße 112
Mazu 91
Medikamente 113
Medizinische
 Versorgung 113
Metrobau 58
Mietmoped/-motorrad 100
Mietwagen 100
Mieu Thien Hau 89
Mitbringsel 20, 60
Mittagessen 28
Mittherbstfest 47
Mobiltelefon 122
Mondkalender 46, 48
Mopedfahren 100
Moped-Taxi 126
Mopedtouren 120
Mua Roi Nuoc 41
Mückenschutz 109
Museen 42
Museum of
 Ho Chi Minh City 71
Museum of Traditional
 Vietnamese Medicine 43

N
Nachtleben 37
Nachtmärkte 18
Nationalfeiertag 47
Ngo Dinh Diem 76, 77
Nguyen-Dynastie 84
Nha Hat Lon 66
Nightlife 37
Norodom-Palast 76
Notfälle 115
Notre-Dame 74
Notruf 115
Nudelsuppe 22

O
Öffnungszeiten 116
Onkel Ho 69
Opera House 66
Operation
 „Frequent Wind" 78

P, Q
Pagode des
 Jadekaisers 84
Park des
 23. September 61
Pham Ngu Lao 60
pho 22, 24
Polizei 115
Porto 116
Post 116
Preise 107
Prepaid-Karte 122
Quan 50

R
Rathaus 70
Rauchen 35
Regenzeit 130
Registrierung 104
Reisechecks 106
Reisezeit 129
Religiöse Stätten 125
Restaurants 30
Rex Hotel 67
Rhodes, Alexandre de 76
Rückreise 98
Rückzugsorte 15
Rundgang 8

S
Saigoner (Bewohner) 52
Saigon-Fluss 57, 121
Saigon (Name) 9
Schwule 116
Shopping 15
Sicherheit 117
SIM-Karte 115, 122
Skydeck 65
Smartphone 144
Sonnenschutz 110

Register

Southern Women's Museum 43
Souvenirs 20, 60
Sozialistische Devotionalien 21
Spermnummern 115
Sprache 120
Stadtbummel 12
Stadtgeschichte 54
Stadtpläne 111
Stadtspaziergang 8
Stadttouren 120
Strand 96
Straßenmärkte 18
Straßensnack 24
Supermärkte 17

T
Tai-Chi 61
Tan Son Nhat 98
Tao Dan Park 79
Taxi 125
Tay Ninh 94
Telefonieren 122
Tet-Fest 45, 48
Tet Nguyen Dan 45, 48
Tet-Offensive 82
Tet Trung Thu 47
Thanh Pho Ho Chi Minh 9
Theater 40
Thien Hau 91
Thien-Hau-Tempel 89
Tischsitten 28
Touristenvisum 103
TP.HCM 9
Travelers Cheques 106
Trinkgeld 26
Trinkwasser 109
Trockenzeit 130
Tunnel von Cu Chi 92

U
Uhrzeit 123
Unabhängigkeitspalast 76
Unterkunft 123
US-Dollar 106

V
Vegetarier 34
Veranstaltungen 44
Vergnügungsparks 114
Verhaltenstipps 125
Verkehr 15, 57
Verkehrsmittel 125
Versicherungen 129
Vietcong 93
Vietnamesisch 120
Vietnamesische Gerichte 23
Vietnamesische Restaurants 32
Vietnamkrieg 78, 80, 82, 92
Visa on Arrival 103
VND 105
Vorwahlen 122
V-Pay 106
Vung Tau 96

W
Währung 105
Walking Tours 120
War Remnants Museum 80
Wasser 109
Wasserpuppentheater 41
Websites 110
Wechselstuben 106
Wetter 129
Wiedervereinigungspalast 75
Wirtschaft 50
WLAN 35

X
Xe Buyt 128
Xe Om 126

Z
Zahlungsmittel 105
Zeitzone 123
Zentrum 60
Zoll 104
Zweiter Indochinakrieg 78, 80, 82, 92

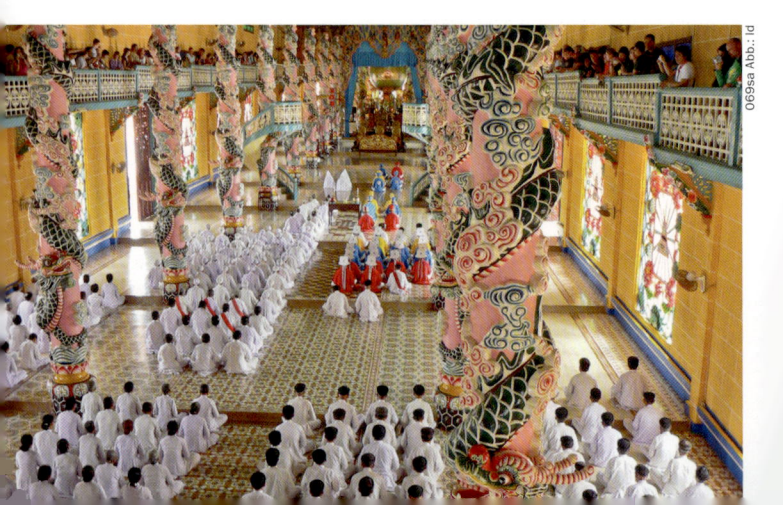

Der Autor

Die erste Reise nach Vietnam in den 1990er-Jahren sollte Folgen haben: Das Land faszinierte und begeisterte **Lars Dörenmeier** so sehr, dass er danach noch viele Male nach Südostasien reiste. Als Student mit kleinem Budget und Rucksack auf dem Rücken durchquerte er Vietnam mehrfach; nach Abschluss des Geschichtsstudiums machte er seine Passion zum Beruf und wurde Reisejournalist und Reiseleiter. Heute ist der Autor zwei- bis dreimal pro Jahr mit Reisegruppen vor Ort und verbringt – abseits der Reiseleiteraktivität – auch Urlaube in eher abgelegenen Regionen Vietnams. Und immer wieder legt er längere Pausen in Ho-Chi-Minh-Stadt ein, um gemütlich auf einem kleinen Plastikschemel am Straßenrand zu sitzen, die köstliche Küche zu genießen, ein kühles Bier zu schlürfen und das lebendige Leben in seiner vietnamesischen Lieblingsstadt zu beobachten.

Der gebürtige Westfale hat seine Basis inzwischen nach Berlin verlegt und bereist von hier aus die weite Welt. In den Sommermonaten, wenn die klimatischen Bedingungen für Vietnam nicht ganz ideal sind, zieht es ihn in den Norden Europas. Für den REISE KNOW-HOW Verlag verfasste er die CityTrip-Bände Göteborg, Helsinki, Kopenhagen und Stockholm (Letzteren gemeinsam mit Stefan Krull).

Schreiben Sie uns

Dieser CityTrip-Band ist gespickt mit Adressen, Preisen, Tipps und Infos. Nur vor Ort kann überprüft werden, was noch stimmt, was sich verändert hat, ob Preise gestiegen oder gefallen sind, ob ein Hotel, ein Restaurant immer noch empfehlenswert ist oder nicht mehr usw. Unsere Autoren sind zwar stetig unterwegs und erstellen alle zwei Jahre eine komplette Aktualisierung, aber auf die Mithilfe von Reisenden können sie nicht verzichten.

Darum: Schreiben Sie uns, was sich geändert hat, was besser sein könnte, was gestrichen bzw. ergänzt werden soll. Wenn sich die Infos direkt auf das Buch beziehen, würde die Seitenangabe uns die Arbeit sehr erleichtern. Gut verwertbare Informationen belohnt der Verlag mit einem Sprechführer Ihrer Wahl aus der über 220 Bände umfassenden Reihe „Kauderwelsch".

Bitte schreiben Sie an:
REISE KNOW-HOW Verlag Peter Rump GmbH, Postfach 140666, D-33626 Bielefeld, oder per E-Mail an: info@reise-know-how.de

Danke!

Aktuelle Informationen nach Redaktionsschluss

Unter **www.reise-know-how.de** werden aktuelle Ergänzungen und Änderungen der Autoren und Leser zum vorliegenden Buch bereitgestellt. Sie sind auch in der **Gratis-App** zum Buch abrufbar.

◁ In Reih und Glied: Gottesdienst im Cao-Dai-Tempel [20]

Liste der Karteneinträge

- ❶ [D6] Backpackerviertel Bui Vien/Pham Ngu Lao S. 60
- ❷ [E6] Park des 23. September (Cong Vien 23 Thang 9) S. 61
- ❸ [E5] Cho Ben Thanh (Ben-Thanh-Markt) S. 62
- ❹ [F5] Bitexco Financial Tower S. 64
- ❺ [F4] Opera House (Nha Hat Lon) S. 66
- ❻ [F5] Rex Hotel S. 67
- ❼ [F4] Ho-Chi-Minh-Denkmal S. 69
- ❽ [F4] Rathaus (Hôtel de Ville) S. 70
- ❾ [E4] Museum of Ho Chi Minh City (Bao Tang Thanh Pho Ho Chi Minh) S. 71
- ❿ [E4] Central Post Office (Buu Dien Trung Tam) S. 72
- ⓫ [E4] Cathédrale Notre-Dame S. 74
- ⓬ [D4] Wiedervereinigungspalast (Dinh Thong Nhat) S. 75
- ⓭ [D5] Tao Dan Park (Cong Vien Tao Dan) S. 79
- ⓮ [D4] War Remnants Museum (Bao Tang Chung Tich Chien Tranh) S. 80
- ⓯ [F2] History Museum (Bao Tang Lich Su) S. 83
- ⓰ [E1] Pagode des Jadekaisers (Chua Ngoc Hoang) S. 84
- ⓱ [X11] Cho Binh Tay (Binh-Tay-Markt) S. 86
- ⓲ [Z10] Mieu Thien Hau (Thien-Hau-Tempel) S. 89
- ⓳ [s. Umgebung] Tunnel von Cu Chi S. 92
- ⓴ [s. Umgebung] Cao-Dai-Tempel in Tay Ninh S. 94

- 🛍1 [G4] Annam Gourmet Market S. 17
- 🛍2 [C7] Citimart Citi Plaza S. 17
- 🛍3 [B6] Co.opmart (1) S. 17
- 🛍4 [D3] Co.opmart (2) S. 17
- 🛍5 [F5] Thuong Xa Tax (Tax Trade Center) S. 18
- 🛍6 [F4] Vincom Center A S. 18
- 🛍7 [F4] Vincom Center B S. 18
- 🛍8 [D6] Zen Plaza S. 18
- 🛍9 [F5] Cho Ton That Dam (Ton-That-Dam-Straßenmarkt) S. 18
- 🛍10 [E5] Saigon Square (1) S. 19
- 🛍11 [G3] Saigon Square (2) S. 20
- 🛍12 [E7] Cho Dan Sinh (Dan-Sinh-Markt) S. 20
- 🛍13 [F4] Artbook S. 20
- 🛍14 [E5] Fahasa S. 20
- 🛍15 [F5] Phuong Nam S. 20
- 🛍16 [E5] Nga's Shops S. 20
- 🛍17 [E6] Nguyen Kim S. 21
- 🛍18 [E5] Ngoc Toan (Optiker) S. 21
- 🛍19 [E5] Phu Quy S. 21
- 🛍20 [F5] Saigon Kitsch und Gallery Dogma S. 21

- 🍴21 [E4] Au Parc S. 30
- 🍴22 [E5] Barbecue Garden S. 30
- 🍴23 [E4] Bia Tuoi Tiep S. 30
- 🍴24 [D6] Cappuccino S. 30
- 🍴25 [F4] Golden Elephant S. 31
- 🍴26 [F4] La Crêperie S. 31
- 🍴27 [G3] Pizza 4P's S. 31
- 🍴29 [E5] Tokyo Deli S. 31
- 🍴30 [D3] Tokyo Town S. 31
- 🍴31 [D5] Banh Cuon La S. 32
- 🍴32 [D3] Banh Xeo Muoi Xiem S. 32
- 🍴33 [F5] Beefsteak Nam Son S. 32
- 🍴34 [C6] Din Ky S. 32
- 🍴35 [D6] Huong Vy S. 32
- 🍴36 [F5] Lemongrass S. 32
- 🍴37 [C6] Minh Duc S. 32
- 🍴38 [E5] Mon Hue S. 32
- 🍴39 [C7] Monsoon Restaurant & Bar S. 33
- 🍴40 [E4] Nha Hang Ngon S. 33
- 🍴41 [F5] Nhu Lan S. 33
- 🍴42 [E5] Pho 2000 S. 33
- 🍴43 [C7] Pho Hung S. 34
- 🍴44 [C6] Pho Quynh S. 34
- 🍴45 [E4] Quan Ngon 138 S. 34
- 🍴46 [F5] Quan Nuong S. 35
- 🍴47 [E6] Tin Nghia S. 35
- 🍴48 [D7] Tung Hung S. 35
- ☕49 [F5] Brodard Bakery S. 35
- ☕50 [D4] Doppio Coffee S. 35

Liste der Karteneinträge

- ◯51 [D6] Effoc Coffee S. 35
- ◯52 [F5] Fanny Ice Cream (1) S. 35
- ◯53 [E6] Fanny Ice Cream (2) S. 36
- ◯54 [E4] Highlands Coffee S. 36
- ◯55 [F5] Kem Bach Dang S. 36
- ◯56 [F5] L'Usine S. 36
- ◯57 [D6] Pasteles de Saigon S. 36
- ◯58 [E4] Schneider's Finest German Bakery S. 36
- ◯59 [D6] Sozo S. 36
- ◯60 [E5] Tutti Frutti Frozen Yoghurt S. 36
- ◯61 [D6] Yogurt Space S. 36
- ◯62 [D5] Banh Mi Huynh Hoa S. 37
- ◯63 [E5] Burger King S. 37
- ◯64 [C4] Acoustic S. 38
- ◯65 [G4] Apocalypse Now S. 38
- ◯66 [D6] Fuse Saigon S. 38
- ◯67 [F4] Lavish Bar S. 38
- ◯68 [G3] Lush S. 38
- ◯69 [F5] Sax n' Art Jazz Club S. 38
- ◯70 [G5] Breeze Sky Bar S. 38
- ◯71 [F5] Broma S. 38
- ◯72 [D6] Chill Skybar S. 39
- ◯73 [F4] Saigon Saigon Rooftop Bar S. 39
- ◯74 [F4] Vasco's Bar & Lounge S. 40
- ◯75 [C5] Golden Dragon Water Puppet Theatre S. 40
- ◯76 [bg] Hoa Binh Theatre S. 40
- ◯77 [E6] Fine Arts Museum (Bao Tang My Thuat) S. 42
- ◯78 [G6] Ho Chi Minh Museum (Bao Tang Ho Chi Minh) S. 42
- ◯79 [bg] Museum of Traditional Vietnamese Medicine (FITO Museum) S. 43
- ◯80 [C3] Southern Women's Museum (Bao Tang Phu Nu Nam Bo) S. 43
- ◯81 [F5] Apricot Gallery S. 44
- ◯82 [F4] Le Xuan Art Gallery S. 44
- ◯83 [F5] Lotus Gallery S. 44
- ●84 [be] Flughafen Tan Son Nhat S. 98
- ●85 [D3] Dt. Generalkonsulat S. 102
- ●86 [E2] Österreichisches Honorarkonsulat S. 102
- ●88 [D6] Sacombank S. 107
- ●89 [E5] Wechselstube Mai Van S. 107
- ●90 [F5] Wechselstube Minh Thu S. 107
- ●91 [F5] Wechselstube Money Exchange No. 59 S. 107
- ◯92 [ch] Cao Thang International Eye Hospital S. 113
- ◯93 [E4] CMI (Centre Médical International) S. 113
- ◯94 [E4] Columbia Asia International Clinic Saigon S. 113
- ◯95 [E5] Westcoast International Dental Clinic S. 113
- ●96 [ag] Dam Sen Water Park S. 114
- ●97 [ch] KizCiti S. 114
- ●99 [F6] Polizeiwache S. 115
- ◯100 [F4] Centro Bar S. 117
- ◯101 [C7] God Mother Bar S. 117
- ◯102 [bf] Quan Thuy Linh S. 117
- ◯103 [E4] Window's Park View Café 4 S. 117
- ●104 [E2] Saigon Street Eats S. 120
- ●105 [D6] Vietnam Vespa Adventures S. 121
- ●106 [G5] Bach-Dang-Pier S. 122
- ●107 [G5] Saigon River Tour S. 122
- ◯108 [C3] 165 Guest House S. 123
- ◯109 [G4] Aquari Hotel S. 123
- ◯110 [D7] Bizu Hotel District 1 S. 123
- ◯111 [D5] Cinnamon Hotel S. 123
- ◯112 [C6] Giang Son Hotel S. 123
- ◯113 [D6] Kim Khoi 211 S. 124
- ◯114 [D6] Kim Kim Hotel S. 124
- ◯115 [D6] Le Duy Hotel S. 124
- ◯116 [E5] Liberty Central Hotel S. 124
- ◯117 [D6] New World Saigon Hotel S. 124
- ◯118 [D6] Ngoc Minh Hotel S. 124
- ◯119 [F5] Tan Hoang Long Hotel S. 124
- ●120 [E6] Busbahnhof Ben Thanh S. 129
- ◯130 [C7] Hong Han Hotel S. 124
- ◯131 [C5] Town House 50 S. 124

Hier nicht aufgeführte Nummern liegen außerhalb der abgebildeten Karten. Ihre Lage kann aber wie bei allen Ortsmarken im Buch mithilfe unserer Kartenansichten unter Google Maps™ gefunden werden (s. S. 144).

Anhang

Zeichenerklärung, Saigon mit PC, Smartphone & Co.

Zeichenerklärung

- **❶** Hauptsehenswürdigkeit
- **[D6]** Verweis auf Planquadrat

- 🅱 Bar, Lounge, Treffpunkt
- 📖 Bibliothek
- ☕ Café
- 🧍 Denkmal
- 🌊 Freibad
- † Friedhof
- 🖼 Galerie
- 🛍 Geschäft, Kaufhaus, Markt
- 🏨 Hotel, Unterkunft
- ⚓ Hafen
- 🏊 Hallenbad
- 🍴 Imbiss, Bistro
- ⛪ Kirche
- ✚ Krankenhaus, Arzt
- ☪ Moschee
- Ⓜ Museum
- 🎵 Musikszene, Disco, Klub
- 🅿 Parkplatz
- 👮 Polizei
- ✉ Post
- 🍽 Restaurant
- • Sonstiges
- 🛕 Tempel, Pagode
- 🎭 Theater
- 🗼 Turm
- 🥗 Vegetarisches Restaurant
- 🌬 Windmühle

- 🟧 Shoppingareal
- 🟦 Gastro- und Nightlife-Areal
- 🟩 Stadtspaziergang (s. S. 8)

Saigon mit PC, Smartphone & Co.

QR-Code auf dem Umschlag scannen oder **http://ct-saigon.reise-know-how.de** eingeben und die **kostenlose CityTrip-App** aufrufen!

GRATIS-APP
✓orientieren
✓informieren
✓verständigen

★ **Anzeige der Lage und Luftbildansichten** aller beschriebenen Sehenswürdigkeiten und touristisch wichtigen Orte
★ **Routenführung** vom aktuellen Standort zum gewünschten Ziel
★ **Exakter Verlauf** des empfohlenen Stadtspaziergangs
★ **Audiotrainer** der wichtigsten Wörter und Redewendungen
★ **Aktuelle Infos** nach Redaktionsschluss

Weitere kostenlose Downloads auf www.reise-know-how.de auf der Produktseite dieses Titels unter „Datenservice":

★ **Faltplan als PDF mit Geodaten:** Nach dem Speichern auch mobil nutzbar auf allen Geräten mit PDF-Reader. Für Smartphones/Tablets empfiehlt sich die App „PDF Maps" von Avenza™ mit einer breiten Funktionspalette.
★ **GPS-Daten aller Ortsmarken:** einfacher Import in GPS-Geräte, Navis und Geosoftware auf PCs und mobilen Geräten.

Diesem CityTrip-Band wurde hier ein herausnehmbarer Faltplan beigefügt. Sollte er beim Erwerb des Buches nicht mehr vorhanden sein, fragen Sie bitte bei Ihrem Buchhändler nach.